KB239866

Global Green
Growth Money

그린머니의 중요성과 그린테크와의 결혼

Global Green

그린머니의 중요성과 그린테크와의 결혼

임은모(글로벌 그린마케터) 지음

Growth Money

기후변화에 의한 환경문제와 고유가에 따른 세계경제의 불확실성이 높아지면서 신재생에너지에 대한 관심은 갈수록 높아지고 있다. 또한 여기에 경제주체(정부·기업·소비자)의 애정과 고민이 가세하면서 새로운 경제질서가 만들어지고 있다.

예를 들면 정부는 교육을 통한 젊은 층의 일자리 창출에 모든 행정력을 쏟아 붓고 있고, 관련 기업은 10년 이후 먹을거리라는 명제로 신수종산업 발굴에 올인하고 있다. 65억 지구촌 소비자도 삶의 질 향상에서 한 차원 더 높은, 물과 전력의 절대 수혜자로서의 행복한 미래를 기대하고 있다. 그러나 이게 말처럼 쉽지 않다는 데 고민과 슬픔이 있다.

그렇다면 해결방법은 없을까? 이를 피하는 방식은 무엇일까? 여기에 필요한 절대적 처방전은 어떤 것이 있을까?

여러 가지 자문자답식 해결과 대응책에서 으뜸은 크게 세 가지로 요약이 가능하다. 하나는 지금과 같은 고유가 시대에서 자유로운 신재생에너지의 개발과 이용이다. 둘은 이런 융합시대에 관련 기업이 기술적 가치를 가진 그린테크에 대한 연구와 개발을 수행함으로써 전 세계가 주목하는 그린 퍼스트 무버로서의 기업적 이익을 얻어내는 일이다. 마지막 셋은 소비자의 욕구와 니즈를 충분조건으로 보답하는 수준의 21세기형 복지시민이 되게끔 그린테크를 위한 뭉칫돈을 만들어주는 일이다.

따라서 그린테크와 그린머니가 이루어내고 있는 녹색성장은 환경과 관련 산업의 진흥에 국한하지 않고, 그린 잡(green job)을 통해 젊은 층의 일자리를 만들어내는 역할까지 하기 때문에 최적의 방법으로 대접받고 있다.

‘재스민 혁명’으로 불리고 있는 아프리카 튀니지의 민주화 운동은 히티스테가 주동이 되어 들불처럼 번져 이집트로 옮겨가 18일 만에 ‘코샤리 혁명’을 이루었다. 양질의 일자리는 녹색성장산업이 가지는 최고의 명분론이다. 버락 오바마 미국 대통령에게 500만 개의 일자리 창출을 조언했던 반 존스의 ‘그린칼라 이코노믹스’의 제안은 이 책의 단초가 되었다. 이러한 단초의 동기는 결국 전 세계 거대 자본이 녹색성장산업에 다시 몰리고 있음과 무관하지 않다. 2008년 글로벌 금융위기 이후 신재생에너지에 대한 투자 물결이 되살아나면서 ‘녹색금융(Green Finance)’이 2011년 투자의 핵심 키워드로 떠올랐다. 이렇듯 그린머니의 필요성과 파급효과를 믿는 분위기에서 비롯된 변화의 조짐이 아프리카 시민혁명과 매우 닮은꼴이라는 것이다.

이를 도식화시켜 보면 ‘글로벌 그린마켓에서 그린머니의 당위성과 득세’는 경제주체를 통해 살펴보는 데서 시작되는 까닭을 알 수 있다. 이는 시대적 기술변화와 산업적 요구가 행복한 결혼을 지향함 때문일 수 있다.

먼저 단행본이 갖추어야 할 역할과 기능에 따라 크게 세 가지를 주제로 삼았고, 그 아래에 일곱 가지 소주제로 구분해 독자의 이해를 도왔다.

Part 1에 글로벌 그린마켓의 함성이 들려오는 녹색성장산업의 현장에서 듣기 마련인 그린머니의 필요성과 함께 그들의 요구사항을 주제로 삼았다. Part 2에 그린머니와 그린테크의 행복한 결혼식이 되어야 하는 여섯 가지 아이템을 움직일 수 없는 인사이드와 움직일 수 있는 아웃사이드로 분리시켜 소개했다. 마지막 Part 3에는 이미 한국 이명박 정부가 2008년부터 '저탄소 녹색성장'의 국가적 어젠다가 영글어갈 수 있는 여러 가지 벤치마킹 대상과 그린 비즈니스 모델(BM) 얻어내기, 그리고 국가적 로망을 추적·초대의 장으로 엮었다.

모두가 한결같이 '글로벌 그린 그로스 머니(GGGM: Global Green Growth Money)'가 되게끔 연결고리와 그 과정에 대한 집념을 녹아냈다.

끝으로 녹색성장에 관한 다른 내 책『GGGG』에 이어 그린마켓의 보고서 형식의『GGGR』과 또 이 책『GGGM』까지 출판의 기회를 주신 채종준 한국학술정보(주) 대표이사님께 감사를 드린다.

특히 단순한 '출판문화'를 벗어나 너무나 거창(?)하게 '출판공학(public engineering)'으로 포장해서 내 등을 밀어준 세 분 그린 트리오에게 감사를 드린다. 우선 이 책의 기획 단계부터 집필과 교정까지 세심한 정성을 보태 주신 한국학술정보(주) 그린팀의 리더 김영권 이사님을 비롯하여 강태우 팀장님과 김남동 대리님께도 큰절을 곁들인다. 그 큰절의 의미에는 이러한 주제의 책이, 그것도 세 권에 달하는 분량의 단행본 시리즈가 세상에 나올 수 있었던 자양분으로서 뒷받침되어 주심에 대한 감사가 담겨 있다. 정말로 감사하고 또 감사한 마음뿐이다.

2011년 4월 22일

임은모

adimo@hanmail.net

CONTENTS

Part 1

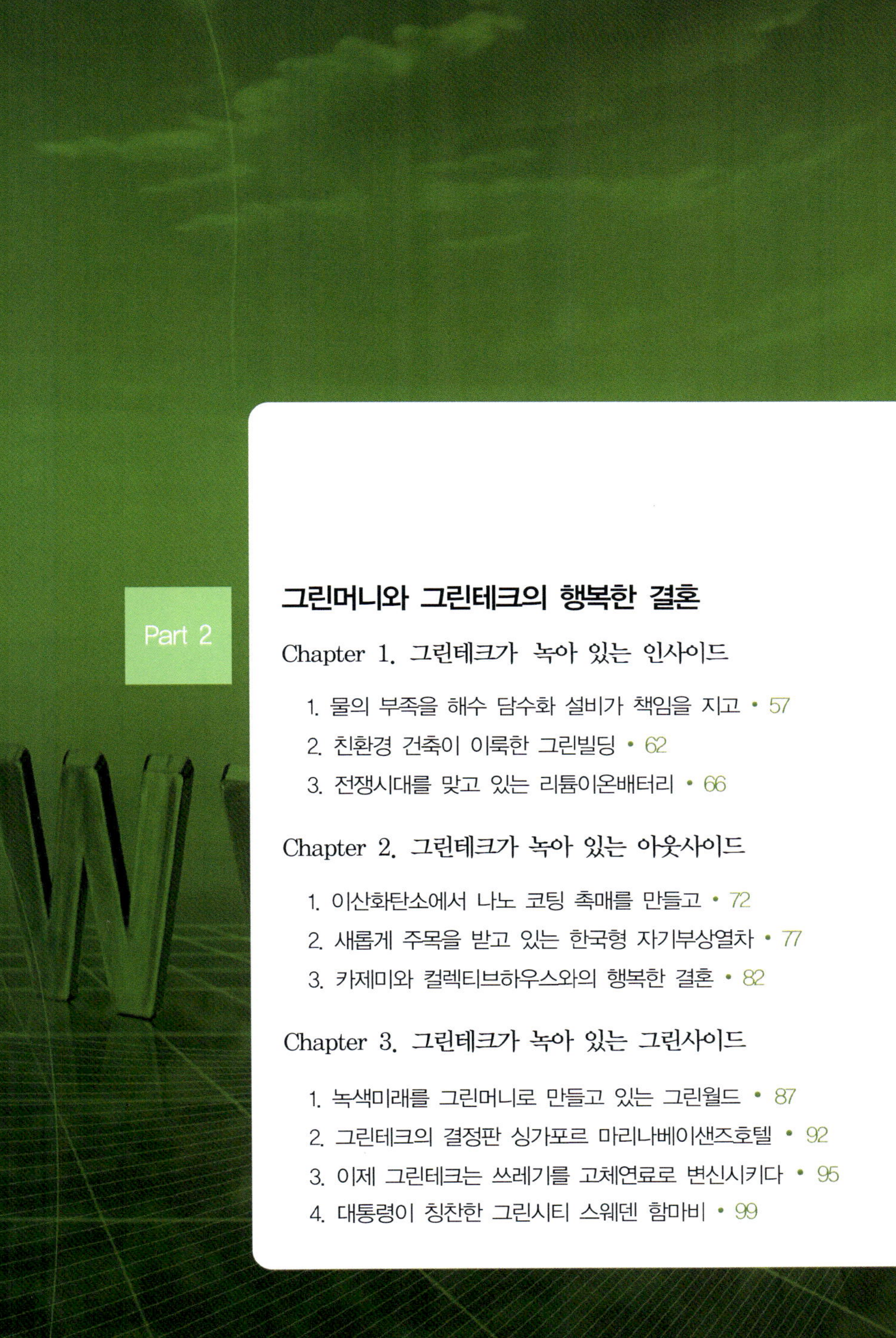

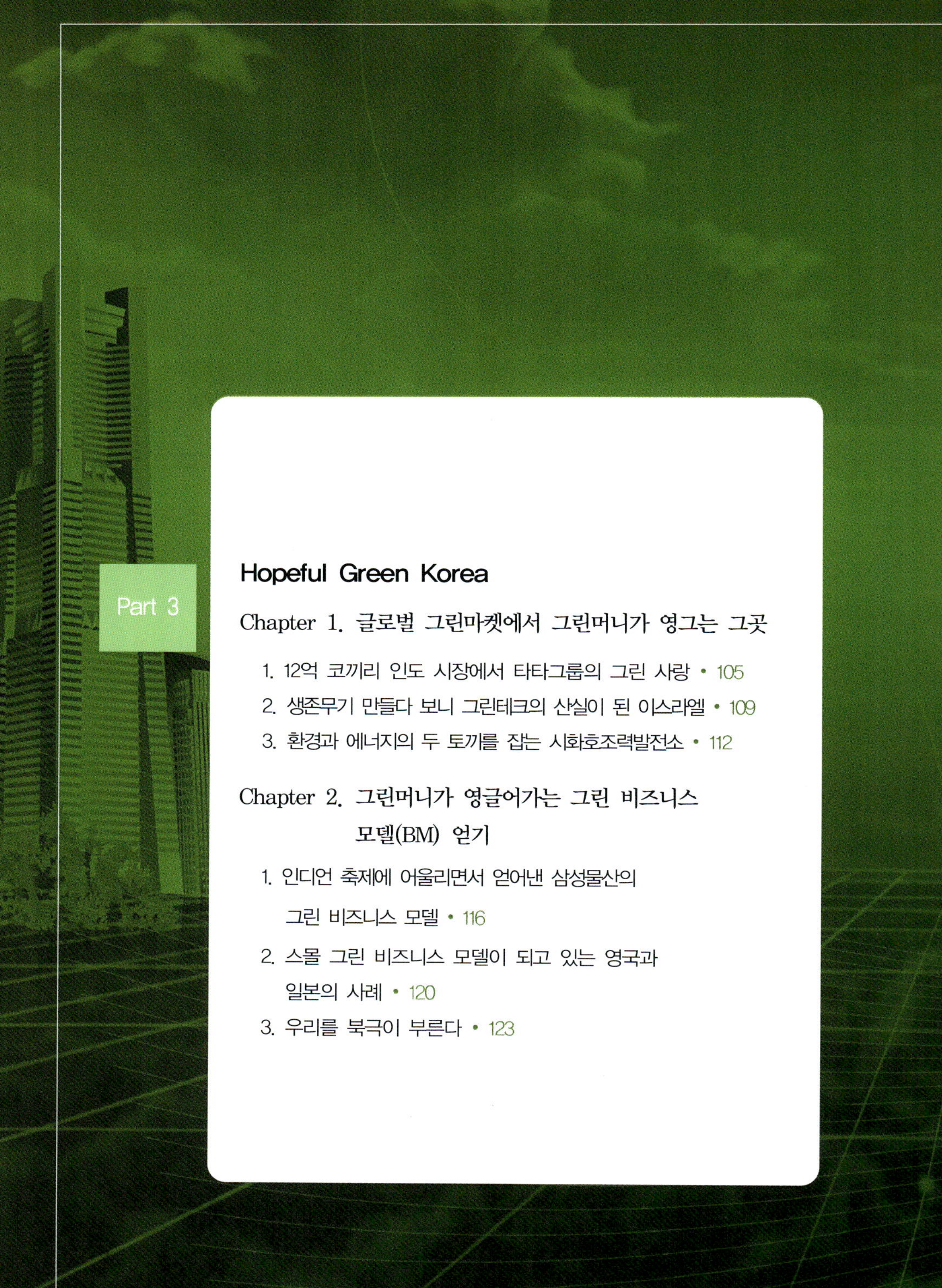

Part 1.

이제는 그린머니가 대세다

버락 오바마 미국 대통령은 2011년 새해 국정연설에서 "지금 우리 세대는 또다시 스푸트니크 모멘트를 맞고 있다"고 언급하면서 경제적 위기감과 함께 국민적 분발을 촉구했다.

다시 역사를 거슬러 올라가 보면, 1994년 남아프리카공화국에서 실시된 최초의 평등선거에서 넬슨 만델라가 대통령에 당선되었다. 그는 27년을 감옥에서 보낸 인권운동의 투사였다. 하지만 빈곤과 질병, 뿌리 깊은 흑백갈등으로 사분오열된 국민을 하나로 합치는 데 한계를 느꼈다. 그래도 이에 주저앉지 않고 만델라 대통령은 국민 모두가 공유할 수 있는 화합의 도구를 찾아 나섰다. 그게 바로 '스프링복스'라는 국가대표 럭비팀이었다. 이 팀은 연이은 패배로 항상 꼴찌였다. 그러나 이 팀은 1996년 럭비 월드컵을 안았다. 어느 누구도 인정할 수 없는 기적이 일어난 것이다. 이를 두고 남아공은 '럭비 모멘트(Rugby Moment)'라고 부르고 있다.

이 기적은 결국 세월을 인고하여 민주화 열풍에 따라 튀니지의 '재스민 혁명'의 도화선이 되었고, 이집트로 번져 가서 '코샤리 혁명'을 완수했다. 이 두 혁명의 주체는 페이스북과 트위터에 익숙한 히티스테였다. 그들은 고등교육을 마쳤지만 변변한 일자리가 없는 현대판 아프리카 백수였다. 이들에게 양질의 일자리 제공과 성취욕을 심었다면 아프리카 민주화는 더 많은 시간이 필요했을 터다.

이를 지켜본 오바마 대통령이 '스푸트니크 모멘트'를 제안한 것으로 이해된다. 분명 여기에는 미국 정부로서는 일자리 창출이 최우선 과제였다. 이를 위해 오바마 대통령은 관련 기업에 일자리 창출이 많을 그린 비즈니스에 대한 정책적 지원 확대를 공론화했다.

따라서 제1부에서는 글로벌 그린마켓에 불고 있는 여러 가지 함성을 적나라하게 제시하고 소개했다. 물론 여기에는 그린테크를 통한 그린머니가 모이게끔 여러 가지 공학적 제안을 곁들였다. 말미에는 지하금융공학(Underground Money Engineering)을 통해 보듬은 일까지 자세히 살펴본다.

Chapter 1 글로벌 그린마켓의 함성

1. 히티스테가 외치는 저 목소리를

세계경제의 초점이 녹색성장에 모아지고 있다. 그 좋던 정보기술(IT)의 거품이 꺼지자마자 글로벌 금융위기를 겪게 되었던 글로벌 기업들은 페이스북과 트위터에 구동되는 스마트폰의 위력에 다시 놀라지 않을 수 없었다. 이름하여 소셜네트워크서비스(SNS)가 가져오고 있는 인터넷 혁명을 글로벌 대세로 인정하게 된 것이다.

너무나 빠른 과학기술의 발전과 함께 소비자의 요구도 다양해지면서 기업들은 우선적으로 '10년 이후의 먹을거리'를 찾아야 한다는 데 인식을 같이해 동분서주하고 있다. 또한 여러 나라들이 민주화에서 산업화로 다시 복지사회 건설을 완수하기 위해 '일자리 창출'에 목을 매고 있는 것 또한 큰 불씨가 되었다. 단순한 노동의 대가를 주는 일자리 창출이 아니라 국가의 대들보인 젊은 세대에게 성취욕까지 담보할 그린 잡(green job)이 필요한 것이다. 동시에 전 세계가 기후변화에 대응하는 체제로 변화하는 과정에서 여러 가지 사업 기회가 창출되면서 글로벌 선진기업들의 인식은 휘발유를 닮아갔다.

2011년 1~2월, 아프리카와 중동지역의 민주화 요구에서 보듯 젊은 세대를 위한 일자리 창출은 그래서 절체절명의 국가적 미션이 되었다.

● 포스트오일을 위한 녹색성장산업의 비전

최근 경제주체(정부·기업·소비자)들은 언젠가는 고갈될 화석연료에 대비할 신재생에너지 개발을 서둘렀고 이로 인해 여러 가지 기술혁신이 상용화로 이어진 규모의 경제를 통한 새로운 미래를 기대하기에 이르렀다. 여기에 필요한 '그린머니(녹색 자금)'의 방대한 이동이 전망되는 가운데 녹색성장에 대한 투자는 봇물을 이루는 동기부여로 발전하였다. 이들은 누구보다 '녹색은 돈이 된다'는 점을 익히 알고, 이를 위해 발 벗고 나선 기간이 올해로 겨우 3년 안팎이다. 그 첫 기대치로서 녹색성장의 다른 표현인 '글로벌 그린 그로스 머니 (Global Green Growth Money)'에 주목할 수밖에 없는 것이다.

기업의 태생적 본질은 이익창출을 통한 고용확보라는 선순환적 기업운영에 의해 평가를 받기 때문에 녹색성장에서 돈을 모아 투자하는 것은 당연한 이치다. 그러나 녹색성장산업에서 돈을 찾기는 어제오늘의 일이 아니기 때문에 이미 치킨게임의 현상을 보이는 종목도 속출하고 있다. 그래서 녹색성장 글로벌 관련 기업들은 그린머니에 기대와 야망을 교집합시켜 그린레이스에 동참하고 있다.

따라서 글로벌 녹색성장 기업들은 현재 여러 나라들이 기후변화에 대응하는 녹색성장 정책에 따라 자신의 특화된 녹색기술과 녹색정보를 통해 10년 이후까지를 생각하게 되었다. 이들이 현재와 다른 미래 수종산업을 찾는 형극은 곧 제5의 물결을 향한 기업적 어젠다로서 명분론까지 갖추고 있다.

실제로 녹색성장의 의미는 녹색의 환경과 성장의 사업을 동시에 포함한 복합 개념이기에 그린머니의 지향과 필요성을 공감한 기업 현실과 맞닿아 있다. 이를 위해 미국의 GE가 앞장을 섰고, 독일의 지멘스가 뒤를 잇자, 일본의 도시바와 한국의 삼성그룹이 패스트 팔로어(fast follower)를 넘어 퍼스트 무버(first mover)가 되기 위해 열공하고 있다.

진정한 녹색성장은 그린테크(GT)를 발전시킬 기술적 투자자금인 그린머니(GM)와의 행복한 결혼에 의해 완수됨을 그들은 잘 알고 있다. 이러한 추세에 따라 여러 나라의 녹색성장 정책에 최우선적으로 제시한 일자리 창출(젊은 세대의 green job)은 국가 기업 지구촌 소비자를 함께 묶어서 뛰고 있는 경제주체에게 절대적 숙제로 남게 되었다.

● 히티스테의 그린 잡

그런데 이게 현실적으로 대두되면서 그린 잡(green job)에 불을 지폈다. 흥미롭게도 이는 아프리카 튀니지에서 시작되었다. 특히 수많은 히티스테(청년실업자를 뜻하는 아랍어)가 아프리카와 중동지역에서 혁명적 물결을 통해 일자리를 요구하기 시작하면서부터였다.

튀니지 남동부 시디 부 지드에 사는 24세 청년 소피앙 뒤비는 집 근처 커피숍에서 친구들과 잡담을 하며 하루를 보낸다. 평소 뒤비는 부모가 벌어들이는 수입의 3분의 1가량을 쓰면서 4년 전인 2007년 대학을 졸업했다. 그러나 대학 졸업 이후 4년 동안 일자리를 구하지 못한 뒤비는 부모에게 다시 손을 벌렸고 대학원에서 컴퓨터공학 전공으로 석사학위를 받았다. 뒤비는 대학원을 졸업했지만 아직도 일자리를 찾지 못했다. 사람들은 그를 '히티스테'라고 부른다. 아랍어로 '담벼락'을 뜻하는 히티스테는 딱히 할 일이 없어 거리의 담에 기대 하루를 보내는 청년실업자를 지칭한다.

미국 미래연구소 '퓨리서치'에 따르면 아프리카와 중동지역의 30대 이하 인구는 전체 60% 정도로 북미와 유럽 국가에 비해 두 배 이상 높다. 최근 이 지역은 출산율 증가와 영아사망률의 감소가 겹쳐 젊은 층 인구가 급속하게 늘면서 상대적으로 그린 잡은 사회적 이슈가 되었다. 퓨리서치는 이 같은 젊은 층 인구의 급증을 청년 팽창(youth bulge)으로 표현했다.

이러한 고용측면의 부조리에 고민하던 히티스테 가운데 튀니지 시디 부 지드에 살던 26세 과일상 모하메드 부아지지는 부패한 경찰이 과일을 빼앗아가자 몸에 불을 질러 스스로 목숨을 끊었다. 그리고 이게 튀니지 반정부 시위의 단초가 되었다. 결국 벤 알리 튀니지 대통령은 24년간 지키던 권좌에서 물러나 사우디아라비아로의 망명길에 오르게 되었다. 2011년 1월 14일의 일이다.

이러한 튀니지 반정부 시위는 들불처럼 청년실업률 40%에 달하는 인접국가 이집트로 번져 갔다. 이집트 반정부 시위의 세력도 부진한 경제를 해결하지 못한 독재정권에 맞서는 히티스테였다. 이들은 소셜네트워크서비스(SNS)에도 능숙해 인터넷을 활용한 시위 조직과 반정부 메시지 전파 등을 주도했음은 물론이다. 그린 잡이 필요한 그들에게 필요한 니즈와 욕구에 따르지 못한 정부의 무능은 한마디로 청년실업률 40%의 덫에서 좌초한 것으로 해석된다.

● 그린 잡의 해결은 그린머니에서

들불처럼 번지기 시작한 아프리카와 중동지역 반정부 시위는 이제 튀니지와 이집트에 국한된 일은 아니다. 이미 지핀 들불은 활화산이 되어 이 두 지역에서 민주화 물결로 이어짐과 동시에 산업화로의 촉진이 가시화될 수 있다. 현대 역사가 이를 잘 이야기해주고 있다. 이 변화의 속도는 우리와 다르게 빨리 진행될 것으로 예단된다.

산업화를 위한 전력수요와 소비자의 전기 사용이 기하급수로 늘면서 전력난은 갈수록 깊은 고민이 되기 때문이다. 태부족한 전력생산과 상대적으로 낡은 배선망의 교체는 이제 이들에게서 그린 잡의 해결과 함께 풀어야 하는 난제 중 난제이기 때문이다. 바로 이 점을 간파한 글로벌 그린기업들은 새로운 시장과 새로운 기회로 가늠해서 전열을 새롭게 가다듬고 있다. 그래서 세계 초미의 관심사는 그린테크와 그린머니가 가져오는 규모의 경제와 연결의 경제를 아우르는 대전제(大前提)에 따라 전대미문의 히티스테가 외치는 절규로 시작되고 있다.

2. 스푸트니크로 날아간 비행기 소리

버락 오바마 미국 대통령은 같은 시기에 위스콘신 주(州) 매니터웍을 찾았다. 그는 1월 25일 국가경쟁력을 화두로 던진 국정연설에 이어 26일에는 미국 에너지기업 순방길에 올랐다. 첫 방문지는 매니터웍 소재 에너지기업 '오렌지 에너지'였다. 오바마 대통령은 이 자리에서 "미국이 추구해야 할 자리는 언제나 1등"이라며 미래 청정산업을 위한 그린에너지와 그린 잡의 창출을 주장했다.

매니터웍은 미국 정부의 절대적 지원을 받고 있는 녹색성장 관련 기업이 몰려 있는 그린테크(GT) 공장지대의 하나이다. 아울러 1962년 지구 재진입을 시도하다 기술 결함으로 실패한 소련 인공위성 스푸트니크 4호의 잔해가 떨어진 곳이다. 1957년 최초의 인공위성인 스푸트니크 1호와 1961년 최초의 유인 우주선인 보스토크 1호를 쏘아 올려 고무되었던 소련이 뒷심 부족으로 우주 경쟁에서 미국에 밀리기 시작한 것을 상징적으로 보여준 바 있었던 지역이다.

그곳에서 오바마 대통령은 연방정부의 행정력을 총동원하여 그린테크에 대한 집중적 지원을 새롭게 주장했고 관련 기업들은 '10년 이후 먹을거리 찾기'와 '그린 잡 창출'로 화답했다. 미국판 녹색성장의 '스푸트니크 함성(喊聲)'이 전 세계의 매스컴을 뜨겁게 달아올렸다. 일부 언론매체들은 여기에 필요한 재원에 대한 미비를 내세웠지만 미국 의회예산국(CBO)은 절대치 가치로서 이를 감쇄시키는 일로 대응했다. 여기서 미국은 녹색성장산업에서 우수한 그린테크와 그린머니를 통한 '언제나 1등'을 구체화시켰다.

굳이 다름을 찾자면 미래의 주인공인 젊은 층에 필요한 일자리 창출에 대한 의미와 무게의 지향점이 다르다고 할 수 있다. 예를 들면 그냥 단순 일자리 제공이 아닌 그린머니를 통한 그린테크를 완수시키는 데 필요한 우수 인력으로 그들을 흡입하는 신세대 고용창출이다. 우선적으로 IT와 BT를 묶고 다시 BT와 GT로 묶어낼 융합(convergence)의 엔지니어로서 녹색시대가 필요로 하는 훌륭한 인재를 등용하려는 것이다. 물론 오바마 대통령에게 500만 개의 일자리 창출을 조언했던 반 존스의 '그린칼라 이코노미'의 미래지향점이 결국 대통령으로 하여금 역사적인 장소인 스푸트니크로 달려가게 했다. 그린 에너지기업이 몰려 있는 신흥녹색 벨트로 말이다.

결국 미국 행정부는 그린테크를 개발하기 위한 뭉칫돈 그린머니를 몰아주고 나서 이를 통해 관련 기업들은 수출 아이템으로서 그린산업을 완성시키는 새로운 글로벌 녹색성장의 풍속도가 그렇게 영글고 있다.

● 재선을 노리는 오바마는 일자리 확대로 승부

실제로 오바마 대통령은 위스콘신 州 방문 이틀 전에 뉴욕 스키넥터디의 GE 공장을 방문했다. 제프리 이멜트 GE 회장의 안내로 공장

을 둘러본 자리에서도 같은 내용, 같은 메시지를 제시했다. 녹색성
장산업을 통한 일자리 확대. 이틀 간격으로 위스콘신州와 뉴욕을 방
문하면서까지 그린 잡 주문은 비록 재선용 히든카드로 볼 수 있지만
깊은 뜻은 녹색정책 변화의 신호탄이 되었다. 이러한 조짐은 최근
오바마 행정부의 인사정책에서 그대로 드러났다. 윌리엄 데일리 JP
모건 체이스 중서부지역 담당 회장을 백악관 비서실장으로 영입한
데 이어 제프리 이멜트 GE 회장을 일자리·경쟁력회복위원장으로 기
용한 것이다.

아프리카·중동지역과 미국의 공통분모는 그린 잡의 극대화다. 전
자는 민주화 지향일 것이고 후자는 그린머니에 대한 반대급부일 수
있다. 이처럼 두 지역에서 그린머니를 통한 그린 잡 창출에 목을 매
는 이유에 대해서는 여기서 접어 두자. 한마디로 말하자면 전 세계
에 걸쳐 젊은 세대의 일자리 창출이 필요하다. 문제는 여러 나라들
이 공통으로 기득권층이 일자리를 내놓지 않고 그대로 버티고 갈 때
어떻게 될 것이냐이다.

● 붉은 미셸의 차이나머니 접대

미국은 재정적자로 달러 방위에 흔들리고 있는 반면, 중국은 달러
의 블랙홀로서 3조 달러에 달하는 외환보유액을 가진 중국을 우리는
'G2'로 대접하고 있다. 또 같은 시기에 미국 백악관에서는 세계적인
머니쇼가 열렸다. 후진타오 중국 주석의 국빈방문과 함께 백악관 안
주인 미셸 오바마(Michelle Obama)는 붉은색 이브닝드레스로 중국
인의 마음을 사로잡았다. 이 드레스는 지난해 세상을 떠난 영국의
천재적 디자이너 알렉산더 맥퀸의 브랜드이다. 그의 제자인 세라 버
튼이 직접 디자인했다.

만찬장 곳곳은 중국을 상징하는 붉은색과 노란색으로 장식되었

고, 보석 빛에 펑(중국에서 고귀함의 상징적 동물)이 새겨진 식탁보가 깔렸다. 주석만찬을 위한 식재료는 평소 건강식을 즐기는 식생활에 따라 백악관 텃밭에서 재배된 유기농 채소와 꿀 등이 사용되었다. 미국을 대표하는 최고급 와인도 테이블에 등장하였다. 애피타이저 와인은 캘리포니아 주에서 생산된 2008년산 화이트와인 '듀몰 샤도네이'가, 테이블 와인으로는 미국 워싱턴 주에서 생산된 2005년산 '킬세다 크릭 카베르네'가 각각 올랐다. 이전 만찬과 달리 외부 요리사를 부르지 않고 백악관 전속 요리사들이 직접 준비했을 정도로 정성을 쏟았다. TV로 생중계된 이 장면을 시청한 13억 중국인들의 마음을 사로잡기에 한 점 부족함이 없었다.

- 후진타오 주석의 통 큰 450억 달러짜리 통 큰 경협(經協)

후진타오 주석은 미국을 국빈방문하면서 450억 달러에 이르는 각종 물품 수입계약을 미국 측과 맺었다. 이미 미국 보잉사의 737과 777여객기 200대를 향후 3년간 구매하는 계약을 체결했다. 총액 규모로 190억 달러에 달한다. 보잉사는 이번 계약으로 미국 내에 최소 10만 개의 일자리가 창출될 것으로 기대하고 있다.

특히 녹색성장산업 분야에서 두 나라가 맺은 경협은 젊은 층 대상의 고급 일자리 창출이기 때문에 신선한 충격이 되었다. 예를 들면 UPC와 합작해 24개 풍력발전소를 건설하는 것을 비롯하여 미국 에너지1과 중국 완상과의 리튬이온배터리공장 건설 등이 포함되었다.

그렇다고 중국은 미셸 오바마의 환대에 돈 보따리만 푼 것도 아니다. 중국이 자랑하는 세계 최고 속도의 고속철도 기술을 미국 측에 제공하기로 약속했다. 우선 제프리 이멜트가 이끌고 있는 GE와 중국 철도부는 중국이 고속열차 기술을 미국에 이전하는 주체로 선정되었다. 미국 역시 크게 고무되었다. 백악관은 "양국이 합의한 수출

입 패키지는 미국 내에서만 모두 23만 5,000개 일자리를 창출하는 효과를 거둘 수 있다"고 밝혔다.

우선 일자리 창출과 수출 기회를 통해 9%대의 고실업률을 잡는 데 주력하고 있는 오바마 대통령에게는 이보다 더 좋은 선물과 경협은 없을 터이다. 따라서 2011년 1월 한 달 동안의 오바마 대통령의 국정 챙기기와 출장은 이게 재선용이든 아니든 관계없이 글로벌 그린마켓에 불고 있는 함성이자 미래의 축복임이 날이 갈수록 분명해지고 있다.

3. 차이나머니의 굉음은 갈수록 크고

G2 정상이 백악관에서 주석만찬이 열리던 그날 1월 19일(현지시각)에는 또 하나의 역사적 반전극이 벌어졌다. 중국이 마침내 일본을 제치고 국내총생산(GDP) 기준 세계 2위 경제대국에 올랐다. 일본은 1968년 서독을 제치고 세계 제2의 경제대국이 된 지 42년 만에 3위로 떨어졌다. 이날 중국 국가통계국은 2010년도 중국의 GDP가 10.3% 증가했다고 밝혔기 때문이다.

국제통화기금(IMF)이 발표한 자료에 따르면 2010년 일본의 GDP는 5조 4,023억 달러인 반면, 중국은 5조 8,812억 달러로 일본보다 4,789억 달러가 더 많았다. 이를 지켜본 일본 언론은 중국의 1인당 GDP가 아직 일본의 10분의 1에 해당하고, 세계 100위권이라는 점을 부각해 위안을 삼고 있었다.

• 중국 외환보유액 3조 달러

중국 인민은행에 따르면 최근 무역수지 흑자와 외국자본 유치 등에 힘입어 2010년 12월 말 중국의 외환보유액은 2조 8,473억 달러로 늘어났다고 밝혔다. 2009년 말과 단순비교해서 4,481억 달러(18.7%)나 늘어났다. 하루 평균 12억 달러(1조 3,000억 원)가량 외환이 쌓인 셈이다. 이런 속도라면 이제는 3조 달러가 가능함은 시간 문제라고 밝혔다.

실제로 중국은 2006년 2월 말 외환보유액이 8,537억 달러를 기록하며 일본(8,517억 달러)을 앞선 이후 세계 최대 외환보유액을 지키고 있다. 중국의 외환보유액 3조 달러 시대의 도래는 전 세계 중앙은행의 금 보유액 대비 2배를 웃도는 세계 경제 역사상 유례가 없는 어마어마한 외환을 주무르게 되었음을 의미한다.

이해를 돕기 위해 부가설명을 하자면 이 3조 달러의 위력은 전 세계 183개국 가운데 경제 규모가 작은 131개국의 GDP를 모두 합친 금액과 비슷하고 5천만 한국인이 쏘나타 3대씩을 살 돈에 해당한다. 쏘나타의 한 대 가격을 2,000만 원으로 계산하면 3조 달러로 총 1억 6,777만 대를 구매할 수 있다. 한마디로 핵탄두 차이나머니가 아닐 수 없다.

● 350억 달러의 파키스탄 선물

앞에서 소개한 대로 후진타오 중국 주석은 미국 국빈방문을 통해 450억 달러 규모의 통 큰 경협을 안겨 주었다. 물론 두 가지 의미가 있다. 위안화 절상을 요구한 미국을 달랜 측면과 대국굴기(大國崛起)의 목표 달성을 전 세계에게 알리는 데 이만한 이벤트가 없다는 점을 부각시키는 측면 등이다. 하긴 이러한 효과적인 달러 운용은 후진타오의 미국 국빈방문에 앞서 한 달 전인 2010년 12월 18일 파키스탄에서도 있었다. 주연배우는 원자바오(溫家寶) 중국 총리라는 점이 다를 뿐이다.

12월 18일 원자바오 총리는 유수프 라자 길라니 파키스탄 총리와 함께 그동안 두 나라 사이의 우호에 기여한 인물들과 좌담회를 가졌다. 이 자리에서 원 총리는 "각자가 저마다 감동적인 스토리가 있고 이것은 작은 개울처럼 중국과 파키스탄 간 우의(友誼)라는 큰 바다로 흘러간다"면서 "당신 같은 사람들로 이 바다는 마르지 않을 것이며 대대손손(代代孫孫) 이어질 것이다"라고 강조했다. 이에 길라니 총리는 "이 한 방울이 모여 큰 바다가 된다"고 화답했다.

또한 19일 원 총리는 아시프 알리 자르다리 파키스탄 대통령과의 회담에서 350억 달러에 달하는 경협을 매듭지었다고 AFP통신은 대서특필했다. 이 통신은 '350억 달러 경협'의 의미를 크게 세 가지로 요약했다. 하나는 각종 재난에 고통을 받고 있는 파키스탄에 대한 원조의 명분론 축적이다. 둘은 인접 국가 인도와의 차별성 확보이다. 셋은 이 거액의 투자를 통해 중국 녹색성장산업에서 출구전략을 마련한 일이다.

실제로 중국 내에서 이미 치킨게임이 가시화되고 있는 태양광산업과 풍력산업의 진흥을 위해 파키스탄에서 이들에게 새로운 프로젝트를 수행시키는 목적이 다분했다. 사자성어로 양수작업(兩手作業)식 출구전략을 마련하는 것으로 해석해도 좋을 것 같다.

● 중국의 끝없는 원자재 끌어안기

또 AFP통신은 최근 세계적인 논란이 되고 있는 중국의 원자재 끌어안기에 대해 완화정책으로 풀이해서 주목을 받았다. 엄청난 차이나머니를 등에 업은 중국은 이미 아프리카에서 원자재 싹쓸이로 입맛을 들이자 다시 유럽으로 시선을 옮기고 있다.

2009년 6월 중국 국영석유회사 시노펙은 스위스 원유 탐사업체인 아닥스 페트롤리엄을 72억 달러에 인수했다. 아닥스 산유량은 하루

13만 7,000배럴이다. 이번 인수는 정정이 불안한 나이지리아와 이라크 쿠르드 자치지구 유전 인수라는 점에서 의미가 깊다. 특히 아닥스가 보유한 타크타크 유전은 그동안 이라크 정부와 쿠르드 자치정부 간 정치적 갈등 때문에 문제아 취급을 받아왔지만 2009년 8월부터 석유 수출을 정식선포하면서 주목을 받았었다.

이를 위해 중국 시노펙은 톈진 빈하이신구에 600만 톤 이상의 석유를 저장할 수 있는 중국 내 최대 규모의 석유비축기지를 새로 착공하는 등 원자재 블랙홀에 대한 욕심을 키우고 있다. 결국 글로벌 그린마켓의 함성에 있어서 차이나머니를 등에 업은 중국의 세계 원자재 끌어안기로 시작해 녹색성장산업에 이르기까지 전방위로 내지르는 굉음(轟音)은 갈수록 커지고 있다.

4. 저 자원재생의 북소리를 듣고 있는가

후진타오 중국 주석이 워싱턴을 국빈방문하고 있는 동안 세계경제의 심장부인 뉴욕에서는 차이나머니의 굉음처럼 세기의 차이나 광고대전(廣告大戰)이 펼쳐졌다.

뉴욕 타임스스퀘어 전광판에 내걸린 광고대전은 세계경제의 G2로 우뚝 선 중국의 위상을 상징적으로 드러냈다. 이 광고대전의 콘셉트는 후진타오 주석의 미국 방문에 맞춰 1년 전부터 치밀하고 짜임새 있게 구성된 '국가이미지 선전' 편으로 중국을 대표하는 인물 50명의 소개로 채워졌다. 미려(美麗)를 비롯하여 지혜(知慧)와 재능(才能), 용감(勇敢)과 재부(財富) 등 5개 분야에서 중국의 국격을 높인 인물 위주로 엄선했다.

2008년 베이징올림픽에서 금메달을 휩쓴 '다이빙 여제' 궈징징

(郭晶晶)과 왕젠저우(王建宙) 차이나모바일 회장 등이 대형 화면을 가득 채웠다. 이를 통해 중국은 '메이드 인 차이나'의 싸구려 이미지를 불식시키고 '디지털 차이나'를 강조하려는 의도와 욕심을 숨기지 않고 마음껏 드러냈다. 213억 달러에 달하는 천문학적인 재산과 활발한 기부문화를 펼치고 있는 홍콩의 리카싱(李嘉誠) 청쿵(長江)실업 회장까지 등장시켜 자존심 강한 뉴요커의 코를 다독이듯 화려한 광고쇼를 진행시켰다. 여기에 중국을 대표하는 녹색성장의 선구자 장인(張茵) 주룽제지 회장이 치고 있는 북소리를 들을 수 없는 데 대한 아쉬움이 없지 않았다.

● 폐지수집상에서 중국 최고 여성 갑부로

지천에 깔려 있는 폐지(廢紙)를 모아 중국 최고의 여성 갑부에 오른 장인 회장에게는 항상 '폐지대왕'이라는 수식어가 붙는다. 황광위 궤메이그룹 전 회장과 저우정이 눙카이그룹 회장 등 적잖은 갑부들이 뇌물수수나 내부거래로 사법처리한 일이 비일비재한 중국이어서 그의 성공은 남다르다. 그래서 빈손으로 당대에 부를 일군 자수성가(自手成家)형 인물 가운데서 장인 회장은 유난히 두드러진 전설과도 같은 인물이 되었다. 그것도 자원재생이라는 큰 의미의 녹색성장 창업으로 얻어낸 결과이기에 그가 울린 북소리는 더욱 크게 들린다.

지난해 후룬연구소가 발표한 부호명단에서 장 회장은 그의 가족과 함께 330억 위안(약 6조 원)의 자산으로 중국 최고의 갑부열전에 올랐다.

● Money & Riches

1957년 8남매 가운데 맏딸로 광둥성 사오관에서 태어난 그는 부친이 문화혁명 와중에 투옥되자 맏딸로서 섬유회사에 들어가 일하며 가족을 부양해야 했다. 중국 남부지역에 있는 작은 제지공장 회계직으로 사회 첫발을 내디뎠고, 그곳에서 익힌 사업 감각이 훗날 폐지사업에 도전할 수 있는 기본 토양이 되었다.

장 회장의 사업은 1985년으로 거슬러 올라간다. 제지회사에서 포장종이를 수출해본 경험을 살려 3만 위안을 가지고 홍콩으로 건너간다. 포장지 원자재로 쓰이는 폐지 수요가 폭발적으로 늘어나는 것을 지켜본 장 회장은 20대 젊은 나이에 폐지회사를 차리게 된다. 장 회장은 홍콩에 폐지가 부족해 수요를 감당하지 못하자 1990년 남편과 함께 미국으로 건너갔다. 미국에 가면 폐지가 무한정으로 널려 있다는 것을 깨달았기 때문이다. 영어 한마디 할 줄 몰랐던 그였지만 미국 로스앤젤레스에 폐지 수출 회사를 만들었고, 거기서 미국에 수출된 중국 상표 포장지를 수거해 다시 중국으로 보냈다. 중국에서는 이것을 재가공해 질 좋은 포장지로 만들었고 장 회장에게는 든든한 자본원이 되었다.

물론 실패도 경험했다. 사업에 대한 욕심이 앞서 제지회사에 서둘러 투자를 했다가 몇 차례 돈을 날리기도 했다. 그러나 장 회장은 실패를 철저하게 분석하여 1995년 주룽제지를 세우고 중국 광둥성 둥관에 첫 번째 공장을 지었다. 연이어 4곳에 제지공장을 세웠고 결국 1996년 3월 홍콩 증시에 상장하면서 중국 재계의 주목을 받기 시작했다. 올해로 15년 전의 일이다. 최근에는 베트남 제지공장 지분 60%를 인수해 베트남은 물론 캄보디아 등 동남아시아 시장도 점령해 나가고 있다.

장 회장은 주룽제지를 증시에 상장하면서 본격적으로 폐지사업을 녹색성장사업화로 크게 확대해 이제는 전 세계 '제지 대왕'을 꿈꾸고 있다. 하찮은 폐지에 뿌렸던 꿈의 씨앗이 착실히 자라 세계 최고 제지기업을 바라보게 되었다.

● 신용경영과 투명경영은 같은 뿌리

장인 회장이 폐지 수집상에서 세계 최대 제지기업으로 등극한 성공 비결은 '신용'이었다. 그는 자신의 성공을 얘기할 때마다 '운(運)'을 말한다. 1985년 창업할 때 중국이 개혁과 개방의 시기여서 기회가 많았고 미국에 건너간 뒤에도 미국 경제가 오랫동안 호황을 누리고 있었다. 더구나 미국은 산림자원이 풍부하고 제지업이 발달해 폐지수집 시스템도 체계적이어서 폐지 사업을 벌이는 게 크게 유리했던 것이다.

하지만 이런 조건보다 더욱 중요한 것은 신용경영과 투명경영이었다. 그는 지금도 자신의 기업 성공을 이렇게 요약했다. 아니, 장인 회장이 두드리고 있는 북소리를 듣고 싶으면 두 귀를 그쪽으로 돌려서 경청의 기회를 가져야 한다.

> "미국에서 사업을 하면서 배운 것은 신용의 중요성이다. 다음으로는 글로벌 기업이 되려면 중국 회사들도 세계적인 글로벌 스탠더드에 걸맞게 맞춰야 한다."

5. 코끼리의 발굽소리가 들리는가

지금까지 글로벌 녹색성장의 축은 미국과 유럽으로 진행되었다. 그러나 앞에서 정리한 대로 2008년 9월 글로벌 금융위기를 겪으면서 인도양으로의 궤도 수정이 역력하게 나타나고 있다. 이머징마켓의 주인공으로 차이나머니를 등에 업은 중국과 함께 인도의 등장으로 인한 자리바꿈이 진행되고 있기 때문이다.

인도는 인구 세계 2위, 구매력 평가기준 국내총생산(GDP) 4위의 나라이다. 한국 이명박 정부와 인도 만모한 싱 정부는 지난 2009년

8월 7일 서울 도림동 외교통상부 청사에서 한·인도 포괄적 경제동반자 협정(CEPA: Comprehensive Economic Partnership Agreement)에 정식 서명한 이후 긴밀한 관계국가로 발전했다.

코끼리를 닮아 12억 인구를 거느린 인도는 인도양의 맹주이다. 제2차 세계대전과 냉전의 주역들이 모두 대서양 또는 태평양을 끼고 흥망을 거듭한 탓에 최근까지도 세상의 관심은 두 대양의 주변에 머물렀다.

하지만 2011년을 열기 바쁘게 젊은 실업인구인 히티스테가 지핀 민주화 요구로 튀니지와 이집트가 세계사를 다시 쓰면서 세계 유가는 요동치고 있다. 고유가로 이어진 세계경제는 물가폭등과 실업인구 증가로 이어지고 있어 깊은 시름에 직면했다. 동시에 녹색성장에 다시 불을 지피기 시작했다. 고유가에서 해방이 필요하다는 재인식이 서서히 일고 있기에 그렇다.

여기에 끝없는 소말리아 해적의 준동으로 삼호주얼리호 납치 등의 배경은 인도양이다. 전 세계 교역량의 90%와 석유 65%가 바다를 통해 이루어진다. 그중에 인도양은 컨테이너 화물의 50%와 석유제품의 70%를 담당하는 물류 중심이다. 인도양은 또 아프리카~동남아에 이르는 전 세계 무슬림 국가의 대부분을 아우르는 바다가 아닌가!

특히 한·인도 사이의 CEPA 협정 이후 인도양을 무대로 '자원의 블랙홀'인 중국과 인도는 인도양 제해권(制海權) 쟁탈전이 다시 본격화되고 있다. 녹색성장이 인도양을 다시 주목한 이유가 여기에 있다.

● 인도양을 내해(內海)로 간주한 인도

인도는 곧 미국·중국·일본에 이어 4대 에너지 소비국이다. 인도는 원유 수입량의 90%를 아라비아 만(灣)에서, 석탄의 40%를 아프리카 모잠비크에서 가져오는 등 인도양에 대한 의존도가 매우 높다. 인도가 오래전부터 중동의 산유국들과 경제교류를 활발히 벌인 것도 인도양에서의 영향력 확대를 위해서이다.

걸프경제협력회의(GCC) 6개국에서 일하는 인도인은 350만 명으로 이들이 본국으로 송금한 돈은 연간 50억 달러이다. 천연가스 공급을 목적으로 이란에도 수십억 달러를 투자했다. 따라서 인도의 경제권은 인도양으로부터 시작해 전 세계를 아우르는 형태로 발전하고 있음을 알 수 있다. 인도 하면 글로벌 그린마켓에서 두 가지 아이템에 대해 관심의 폭을 넓히고 있다. 전기자동차의 출시와 싱가포르 크기의 게놈밸리(genome valley)에 대한 기대가 그것이다.

전기자동차의 경우 한국 쌍용차 우선협상자 선정에 들어간 마힌드라&마힌드라가 렌터카 개념의 전기자동차 출시를 준비하고 있다. 최근 마힌드라&마힌드라의 아난도 마힌드라 부회장은 인도의 전기차 전문업체인 레바전기차를 M&A하면서 이를 구체화시켰다.

"전기자동차의 수요는 단지 기술발전이 아니라 인도와 중국인의 생활방식에 따라 결정될 것이다. 인도와 중국의 도시가 포화상태가 되면 자동차는 렌털(rental)이나 셔틀 방식으로 이용되게 되어 있다. 예를 들면 도로가에 세워진 전기차를 빌려서 이동한 뒤 다시 길가에 세워 둔다. 앞으로 인도에서는 이런 이동식 전기차가 각광을 받을 것이 예상된다. 때문에 우리 마힌드라&마인드라도 준비하고 있다."

결국 마힌드라&마인드라가 곧 출시할 렌털 방식의 전기자동차를 쌍용자동차와 함께 회사의 신성장동력으로 삼고 있음을 밝혔다.

하지만 최근 한국을 찾아온 라탄 타타그룹 회장은 초저가자동차 '나노(Nano)'를 앞세워 오는 2013년 한국과 미국 자동차시장을 공략할 것을 밝혔기 때문에 인도 상용차와 전기자동차의 한국 상륙은 이미 예견된 상태이다. 이미 타타그룹은 군산에 타타대우 공장을 운영하고 있다. 2010년 1월 처음 출시된 초저가 자동차 '나노'는 대당 250만 원이어서 세계를 놀라게도 했다.

● 인도의 게놈밸리와 한국의 억새풀 원원전략

인도 중부 하이데라바드는 인도 바이오산업의 메카인 게놈밸리의 중심지역이다. 이 게놈밸리에는 인도 제1의 닥터 레디스가 소재하고 있다. 원래는 2위 업체였는데 새로 개발한 항구토제(항암치료 시 부작용인 구토를 억제하는 약)가 미국 시장에서 대박을 터뜨리면서 단숨에 1위로 올라섰다.

우리나라에서도 2008년부터 한국 제약업계와의 기술협약이 활발하게 이뤄지면서 게놈밸리가 주목을 받고 있다. 또한 농어촌개발연구소가 세계 최초로 개발한 4m 억새풀 재배를 통해 녹색성장의 새로운 역사가 쓰일 것으로 예상되면서 게놈밸리에 대한 기대가 커지고 있는 실정이다. 한국은 태생적으로 산림목이나 옥수수 등을 이용해 디젤연료를 제조하기에는 어려운 조건을 갖추고 있다. 하지만 전 국토의 삼면이 바다로 둘러싸여 있기 때문에 해수면을 이용한 억새풀 재배를 통해 디젤연료 제조의 가능성이 가시권에 접어들고 있으며, 따라서 인도 게놈밸리의 우수한 상품능력과의 원원전략이 필요하게 되었다.

따라서 한국에서도 이제부터 코끼리의 발자국 소리가 들리게 될 것이고, 이 소리가 들리는가를 주문(?)하고 있는지 모른다.

Chapter 2 그린머니공학이 움직이고 있다

1. 기후변화 대응 지구공학(Geo – Engineering)

녹색성장의 최종 목표점은 기후변화 대응이다. 여기에 따른 지구온난화 방지와 이산화탄소 감축은 충분조건이 된다. 이 세 가지 어젠다가 시너지 효과로 이어지면 사람과 지구의 어깨동무는 가능하다. '단 하나뿐인 지구를 구하자!'는 구호는 이제 명분론에서도 용도폐기가 되었다. 어찌 인간이 지구를 구할 수 있겠는가? 말장난에 그칠 수밖에 없음을 지금의 기후변화가 무언으로 가르치고 있지 않는가? 따라서 지구와 공존하는 수준에서 기후변화 대응책을 세우고 실천하는 운동이 바로 지구공학(Geo-Engineering)의 출발점이 된다.

지구공학은 지구온난화로 체온이 뜨거워진 기후를 변화시키려는 공학기술과 이산화탄소 감축(mitigation), 기후변화 적응(adap tation)과 함께 인류가 지구온난화에 대응할 수 있는 3대 주요 방식 가운데 하나이다. 그러나 지구환경에 예상치 못한 부작용을 일으킬 위험성이 도사리고 있기 때문에 지금까지는 교과서식 원론에 그치고 말았다.

하지만 녹색성장이 경제주체에 서로의 이익이 된다는 결론에 따라 지구촌 패러다임이 새롭게 형성되기 시작했다. 바로 앞장에서 소개한 대로 글로벌 그린마켓에서 들려오는 함성에서 보듯 정부는 그린 잡(green job)으로 젊은 세대에게 기회를 부여하고, 관련 기업은 그린을 통한 돈맛을 즐길 수 있게 되었으며, 지구촌 소비자는 웰빙 수준의 문화생활자가 되는 꿈을 현실로 즐기는 일이 가능해질 것으로 보인다.

● 기후변화패널(IPCC) 평가보고서

이러한 기대와 희망은 유엔 산하 기후변화연구기관인 기후변화패널(IPCC)에서 2013년 채택될 제5차 평가보고서에 수록될 제시이기에 가능성과 실용성은 매우 높다. 실제로 IPCC는 2007년 발표한 제4차 평가보고서를 통해 '원자력발전이 기후변화에 대한 기술적 대안이 될 수 있다'고 말해 원자력에 대해 부정적이던 유럽연합(EU)조차 신규 원전 도입을 검토하는 등 전 세계에 '원자력 르네상스'를 여는 데 견인차 역할을 수행했다.

IPCC는 지구온난화 공격에 대비해 대응하는 데 투자가 필요함을 간파했다. 앞으로 20~30년 동안은 온난화가 완화되지 않을 수 있고 따라서 일단은 버틸 수 있도록 조치해야 한다는 것이다. 이 때문에 '적응조치'가 '필수적'이라는 데 여러 나라들이 공동으로 인식을 같이하자는 것으로 결론을 도출했다. 또한 원자력과 적응조치 결론처럼 IPCC가 제5차 평가보고서에서 지구공학을 긍정 평가할 경우 관련 연구와 조사는 물론 관련 기업의 기술개발에 필요한 투자가 봇물을 이룰 것으로 예상된다. 이는 지구공학에 거는 기대와 희망이 이제 본격 궤도에 진입함을 의미한다.

이렇듯 녹색성장산업에서의 큰 틀은 총론을 떠나 각론 수준으로 전 세계가 함께 뛰고 있는 것이다.

● 기발한 지구공학 아이디어들

기후변화의 위기를 공학적으로 대처하자는 지구공학 아이디어는 다양한 형태로 나오고 있다. 최근 크게 주목을 받기 시작한 두 가지 지구공학 기술을 요약해 보자.

하나는 인공구름이다. 바닷물을 증발시켜 구름의 양을 인위적으로 늘림으로써 햇빛을 막자는 녹색 아이디어이자 제안이다. 지구로 쏟아지는 태양의 양을 3%만 더 차단할 수 있는 구름을 만들어 내자는 것이다. 우선 특수 실린더가 설치된 요트 수천 척을 해상에 띄워 바닷물을 끌어올린다. 이 바닷물은 실린더를 통과하는 과정에서 1만분의 1cm 크기의 아주 작은 물방울로 증발되어 대기로 분산되는데, 물방울에 섞인 염분이 씨앗으로 작용해 구름을 만들어낸다는 것이다. 이 녹색 아이디어를 처음 제안한 미국 과학자인 존 라탐(Latham) 교수는 "더 필요할 경우 요트의 수를 늘리거나 반대로 줄이거나 하면 인공 구름의 양을 제어할 수 있다"고 밝혔다. 하지만 문제는 바다 생태계의 파괴가 가져올 수 있는 부작용이 만만치 않다는 점이다.

다른 하나는 인공나무 설치이다. 1970년대 지구온난화라는 용어를 처음 만들어낸 영국의 월리스 브로커(Broecker) 박사는 특수 재질의 플라스틱 막(膜) 장치를 부착한 인공나무 아이디어를 발표했다. 인공나무 설치란 지구 곳곳에 높이 15m, 지름 2m가량의 인공나무 6,000만 그루를 심어 공기가 인공나무의 막을 통과하는 과정에서 온실가스인 이산화탄소를 흡수하게 하는 작용에 의해 이산화탄소를 땅이나 바다 밑에 영구 저장하는 것이다. 예를 들면 정수기 필터가 오염물질을 걸러내는 것처럼 인공나무가 '탄소집진기' 역할을 하는 셈이다.

이 두 가지 녹색 아이디어와 제안을 현실화시키는 데 있어 가장 큰 문제는 돈이다. 관련 기업의 입장에서 보면 당장 실용화하기에는 불확실성이 높아 이익 창출이 어렵고, 동시에 투자 대비 이익의 선순환에 의문을 품게 된다. 하지만 이러한 지적과 기우를 잠재우기 위해 관련 기업들에 필요한 뭉칫돈을 만들어 주면 그렇게 어려운 과제만은 아니다. 한마디로 문제는 뭉칫돈을 만들어 주는 일이다. 그게 말처럼 쉽지 않다는 데 고민과 주저가 동시에 도사리고 있는 것이다.

이 때문에 지구촌 패러다임의 변화에 따라 최근 이 녹색성장 아이디어와 제안을 완수하기 위해 여러 가지 해법이 폭넓게 개진되고 있다.

● 녹색 아이디어에 대한 세 가지 구체적인 공학의 동원

경제주체가 기후변화 대응책을 위한 해법으로 가장 고민하고 걱정하는 뭉칫돈은 최근 세계경제의 변화에서 그 열쇠를 찾을 수 있다.

앞에서 소개한 지구공학의 기술들이 실용화되기 위해서는 관련 기업과 녹색연구소가 필요로 하는 투자비용 염출을 위한 방법이 모색되어야 한다. 따라서 이미 전 세계적으로 공론화가 되고 있는 세 가지 공학(engineering)의 접목과 활용이 주목을 받고 있다. 글로벌 금융위기 이후 변변한 투자처를 찾지 못하고 방황하는 지금의 국제금융을 상대로 파이낸스공학(Finance Engineering)과 그린머니를 위한 뭉칫돈 개념의 그린머니공학(Green Money Finance), 그리고 지하금융공학(Underground Finance Engineering) 등을 활용하는 것이다. 쉽게 풀어쓰자면 '녹색에 금융을 입히는 일에서 승부가 가름된다'는 것이다.

우리는 멀리 갈 것이 없이 아부다비 원전수주를 통해 경쟁국가와의 차이는 기술의 차이가 아닌 파이낸스공학의 유무라는 점에 공감하지 않았던가? 실제로 이 세 가지 금융공학(金融工學) 동원은 전

세계 방송 시스템이 국영(國營)과 공영(公營), 그리고 민영(民營) 등의 세 가지로 분리해 운영함으로써 효과적인 성과 도출에 따른 벤치마킹의 필요성이 생겼다. 결국 이러한 주문과 제안은 이 책의 메인주제이고, 동시에 메인 내용이기도 하다.

특히 내가 되풀이하고 또 되풀이해 말하지만 녹색성장산업은 회임의 기간이 길고 동시에 뭉칫돈에 의해 10년 이후 먹을거리(또는미래수종산업)가 되기 때문에 파인낸스엔지니어링의 도움이 없으면사상누각이 되기 쉽다는 공론을 명심할 필요가 생겼다. 이제부터 이를 하나씩 차례로 살펴보자.

▶ 1906~2005년 지구 표면
  평균기온 0.74도 상승
▶ 61년 이후 해수면 연간
  1.8mm씩 상승
  (93년 이후엔 연간 3.1mm씩
  상승)
▶ 북극해 얼음 10년마다
  2.7%씩 감소
  (여름만 따지면 10년에 7.4%씩
  감소)

▶ 화석연료를 태우면서
  배출한 올실가스
▶ 1970~2004년 올실가스
  배출량 70% 증가
▶ 2005년 올실가스 농도
  379ppm은 65만 년 지구
  역사 중 가장 높은 수치

▶ 2000년~2030년 올실가스
  배출량 최대 90% 증가
▶ 2100년 올스가스 농도 최대
  1550ppm으로 증가
▶ 2100년까지 기온 최대6.4도
  상승
▶ 해수면 최대 59cm 상승

▶ 강수량 증가, 태풍 강도 증가,
  홍수 피해 증가
▶ 일부 지역에선 물 부족, 저위
  도 지역 농작물 수확량 감소
▶ 기온 1.5~2.5도 상승하면 생
  물종의 30%가 멸종 위기
▶ 기온 3.5도 상승하면 상당수
  가 멸종

▶ 기온 상승을 2도 이하로 억제
▶ 온실가스 농도는 445ppm 이하로 억제
▶ 적어도 2015년부터는 온실
  가스 배출량 감소세로 돌려야
▶ 2050년에는 올실가스 배출량을 2000년 대비 50~85%로 줄여야

※IPCC(Intergovermmentel Panel on Climate Change 유엔 기후변화에 관한
  정부 간 위원회) 자료:IPCC 요익보고서

2. 금융공학(Finance Engineering)은 다시 세우고

글로벌 녹색성장의 입장에서 보면 지금의 세계 금융질서만큼 좋은 기회, 좋은 조건, 좋은 돈벌이가 없을 것이다. 왜냐하면 전 세계적으로 금융권 금고에 쉬고 있는 뭉칫돈이 지금처럼 많은 때가 없었기 때문이다. 5년은 기본이고 10년짜리 국고채까지 팔리고 있는 세상이기 때문에 확실한 투자처와 투자 아이템이 보장된다면 투자비 염출(捻出)은 그리 문제가 되지 않는다.

더욱이 미국발 금융위기를 겪으면서 밝혀진 대로 현대 금융공학(金融工學)이 금융공장(金融工匠)으로 감등되어도 어떤 변명이나 어느 수준의 이유는 당치 않는 그들만의 리그였음이 판명되었다. 이러한 이유에 대한 올바른 설명이 되기 위해서는 단 하나뿐인 지구와의 공존을 위한다는 명분론으로 새롭게 포장한 참다운 금융공학의 자세를 보여야 하는 것이다.

최근 그들 금융리그가 애용(?)한 파생상품이나 선물시장 아이템을 만들어서 파는 수준만이라도 녹색성장에 일정 부분 자본참여를 시키면 IPCC 평가보고서의 내용대로 큰돈이 될 수 있다는 데 사람들이 동의하기 시작했다.

● 도전을 받고 있는 금융공학

'녹색 자금'의 방대한 이동이 전망되고 있는 가운데 녹색성장 부문의 투자는 이제 미래수종산업으로 여겨지고 있다. 녹색이 돈이 된다는 발상의 전환에 경제주체는 이제 눈을 뜬 것이다. 지금과 같은 녹색혁명의 물결은 세계의 빈민층으로 남아 있는 40억 명의 인구도 소비층으로 끌어들일 수 있다는 새로운 비즈니스 패러다임이 득세하는 과정에서 새로 생긴 현대 금융공학의 변화이다.

한마디로 '녹색은 곧 돈이 되고 동시에 새 사업의 기회로서의 등장을 의심할 수 없다'는 대명제에 대한 몸짓마저 예사롭지 않기 때문에 그렇다. 결국 글로벌 금융위기를 통해 우리가 배우고 인지했던 대로 기존의 금융공학은 '퇴물'로 밀리고 있다. 합리적인 투자가치의 가정(假定)도, 효율적인 시장(efficient market)의 가설(假說)도 녹색성장이 추구하는 원대한 지구촌 패러다임에서 보면 용도폐기나 마찬가지의 운명을 맞게 된다. 이를 극복하고 완수하기 위해서라도 지금의 금융공학에 대한 수술은 불가피하다. 2008년 9월, 65억 지구촌 소비자가 목도한 경제현실이다. 문제를 해결하기는커녕 설명하기도 역부족이었다.

금융공학에서도 예외가 아님이 여실하게 드러났다. 기존의 금융공학의 '함정'은 더욱 음험해졌다. 같은 이치로 지구를 구하겠다고 호언장담하던 환경론자의 주장은 차치하더라도 관련 기업과 지근의 거리에서 글로벌 그린마켓을 조사하는 마케터 입장에서 보면 더욱 그렇다는 얘기다.

● 새 해법 찾기로서 금융공학의 좌표 찾기

따라서 지금의 금융공학이 금융공장으로의 감등을 면하기 위해서는 독일의 '생태지향적 모델'이 도움이 될 것이다. 생태지향적 모델은 지속가능한 성장이라는 테마 아래 환경과 사회(또는 고용)를 중시하는 축소지향적 모델이다.

오바마 미국 대통령이 주도하는 '녹색 뉴딜'도 같은 맥락이다. 특히 신자유주의 아래에서 금융세계화에 대한 반성이 확산되고 있기 때문에 지금의 금융공학은 질타의 대상에서 면죄부를 받기 위해서라도 변화된 세계경제 질서에 암중모색은 필수조건이 된다.

최근 로버트 실러 교수가 주창한 '금융 민주주의(financial demo

cracy)'가 주목을 받은 이유를 주시해 보면 금융기관의 단순한 수익 증대가 아니라 진정 금융서비스로서 소비자 입장에서 기대하는 공익의 보탬까지 극대화하는 주문이 강하다.

『블랙 스완(Black Swan)』의 저자 나심 니컬러스 탈레브(Nassim Ncholas Taleb) 교수가 항상 읊조리고 있는 메시지를 다시 기억할 필요가 있다. "현대 금융사회에 퍼져 있는 각종 데이터를 맹신해서는 안 된다. 데이터라는 것은 스스로 예측하지 못하는 법"이라며 "같은 현상이 일어나도 예상하지 못하는 칠면조 신세가 되면 안 된다"는 그 주문 말이다.

1,000일 동안 먹이 받아먹고 안심한 칠면조도 결국 1,001일째 목이 날아가는 게 세상이 아니던가? 지나친 전문화는 위험하다는 점을 명심하고 과도한 낙관도 경계해야 하는 세상이 바로 지금이기 때문에 녹색성장을 위한 금융공학을 다시 세우라는 시대적 요구를 외면하지 말아야 한다. 넓은 의미로 이를 인지해야 한다. 극단의 세계(extremistan)를 향해서 이익만 보고 좇아가기 바쁜 투자자들이나 이를 몰아주는 금융회사나 이를 움직이게 만든 금융공학 등 주변을 한번 둘러봐야 하는 이유를 새롭게 곱씹어볼 시점이 지금이기 때문이다.

매우 슬프게도 우리는 최근 현대 금융공학이 만든 키코(KIKO) 사태를 기억하고 있다. 아니 이를 지켜보고 많은 것을 배우고 있다.

● 키코 교훈, 키코 피해

나는 여기서 키코의 금융공학의 메커니즘을 얘기하는 것이 아니다. 금융 전문가에 따르면 키코의 설계는 현대 금융공학에서 만든 금융설계에서 으뜸이라고 한다. 그러나 불확실성이 내재된 세계경제 질서가 요동치게 되면 아무리 좋은 금융설계도 피해는 다발적으로 발생이 허용된다는 맹점을 도외시한 부분에는 서로가 공동의 책임을 면하기 어렵다.

다만 그 끝자락에서 현대 금융공학을 통해 녹색성장을 높이는 일에서 키코의 교훈을 명심하는 일이 중요해졌다. 그래야만 더 큰 피해를 피해갈 수 있다는 블랙 스완식 가르침에 따라 높은 의미의 금융공학을 만나야 한다.

3. 그린머니공학(Green Money Engineering)을 만들고

다시 반복한다. 현대 금융공학에서는 녹색성장을 높이기 위한 방안으로 '블랙 스완'과 '키코 교훈(또는 키코 피해)'을 제시했다. 전세계 금융기관은 마땅한 투자처를 찾지 못한 휴면 자금을 녹색성장산업의 진흥으로 몰아주는 일이야말로 금융공학의 새로운 질서 회복임을 내세우고 있다. 같은 의미에서 그린머니공학(Green Money Engineering)을 새로 만들어서 뭉칫돈을 운용(運用)하는 일을 추가시키고 있다. 또한 세계의 뭉칫돈은 연금펀드라든가 국부펀드(SWF)와 같은 금융기구에서 운용하고 있다. 이는 그린머니공학을 녹색산업화 진흥자금의 출구로서 주문하기 위해서이다.

● 국부펀드 시대 도래

2010년 12월 30일.

일본 정부가 국부펀드 조성을 다시 검토하고 있다는 소식에 국제 금융가는 술렁거렸다. 과거와는 달리 이번에는 성사 가능성이 높다는 분석까지 곁들여졌다. 이미 중국국부펀드(CIC)는 한국 전용 펀드를 조성해 운용하는 기민성을 보이고 있다. 따라서 미국 달러 보유 규모가 전 세계 2위인 일본의 국부펀드는 국제 금융시장에서 상당한 파괴력을 수반할 수 있다. 여기에 국부펀드 설립을 추진하고 있는 코끼리 인도와 대만까지 가세하면 국제 금융시장에서의 뭉칫돈 규모는 상상을 초월할 만큼 커지게 된다.

여기에는 국제기업 M&A 시장에 대한 영향력 확대를 비롯하여 자국 통화와 채권시장의 주도권 유지 목적도 강하다. 동시에 원자재 확보전쟁과 거대 녹색성장 프로젝트에 필요한 그린머니의 뭉칫돈으로서 운용은 절대적 가치마저 지니게 된다.

2010년 말을 기준으로 전 세계 국부펀드 규모는 4조 달러에 이르고 있다. 연·기금펀드 규모도 5조 달러로 파악되고 있다. 이를 모두 합하면 9조 달러가 된다. 다시 여기에 일본과 인도, 그리고 대만이 가세하면 국제 금융에서 핵폭탄이 만들어진 셈이다.

이를 지켜본 국제 녹색기구와 녹색 관련 기업들은 이 뭉칫돈에 의해서 녹색성장의 르네상스를 기대하는 분위기가 역력하다. 그들은 이를 그린머니공학으로 묶어서 새로운 미래를 기대하고 있는 것이다. 열에 하나라도 이 뭉칫돈이 그린머니로서 운용되고 투자된다면 앞에서 소개한 기후변화 대응을 위한 지구공학에 필요한 자금으로서 가장 최적의 투자처가 될 수 있다. 이 때문에 녹색성장 관련 기업이 그린머니금융공학의 출범과 운용에 거는 기대가 갈수록 높아지고 있다.

● 원자력발전소 수주에서 승자 되기

2008년 8월부터 '저탄소 녹색성장'을 국가적 어젠다로 삼고 있는 그린 코리아에서 원자력 수출은 절체절명의 수출카드이다. 오죽하면 매년 12월 27일을 '원자력의 날'로 정해서 원자력 르네상스에 거는 기대를 숨기지 않고 드러내 국익의 대들보로 인지하고 있겠는가.

원자력발전소 1기당 수출단가는 미화 50억 달러(약 5조 원)에 달

한다. 미래의 예상 사고를 위해 주문 단위는 2기로 하기 때문에 원
자력발전소를 수출하면 수출 규모는 100억 달러에 이른다. 또한 그
린 코리아는 이미 20기에 달하는 원전 운영국가이자 원전 기술대국
에 우뚝 섰다. 매년 원자력의 날에 시상하는 인사들 숫자는 120명
내외일 정도로 그 맨파워는 대단하다.

그렇다고 해도 최근 우리나라는 세계 원전 수주전에서 밀리고 있
다. 기술력과 안전성에서는 최고인데도 일본과 프랑스 등에 밀리고
있다는 점은 옥의 티로 남는다. 이는 단 한 가지 이유 때문인데 그린
머니금융공학에 대한 준비 미비가 바로 그것이다. 국내 한 언론매체
는 이를 다음과 같이 기술하고 있다.

'원전 수주 실패 — 금융 탓만 하지 말라'

"…… 그렇다면 건설비를 얼마나 값싸게 조달할 수 있느냐는 금융 조달 능
력이 수주의 관건이 된다. 하지만 이 점에서 우리는 일본이나 프랑스 등 경
쟁국에 비해 크게 부족하다. 세계에 내세울 만한 금융기관도 없고 그런 기
관도 미약하다. 국내총생산(GDP)은 물론 외환보유액 등 나라가 가동할 수
있는 자금력도 상대적으로 적다. 우리가 머뭇거리는 새 일본이 터키와 양해
각서를 체결한 건 이 때문이다. 문제는 이게 앞으로도 계속 우리의 발목을
잡을 것이라는 점이다. 원전을 건설하겠다고 나선 국가들 가운데 상당수가
신흥개발도상국들이다. 이 나라들은 원전을 건설할 돈이 없기 때문에 우리가
돈을 대 줘가며 건설해야 할 판이다. 그렇다면 금융의 취약점을 어떻게 보
완할지를 놓고 지혜를 모아야 함은 물론이다. ……(2010년 12월 28일자
중앙일보 사설 참조)."
"한국가스공사의 건설·운영기술과 일본 미쓰이(三井)의 자금동원 능력, 선
진적 경영기법, 글로벌 시장 내 인지도, 그리고 삼성물산의 글로벌 사업 노
하우 등이 결합하여 진입장벽을 극복한 것이다.
이는 한국과 일본 기업이 글로벌 에너지 시장에서 상호 보안적 역할 분담을
통하여 윈-윈 모델을 창출할 수 있는 계기가 된다(<매일경제> '천연가스
기업 글로벌 경쟁력 키워야' 2011년 2월 11일자 참조)."

- 원원윈 테크(Win – Win–Win Tech)가 대안이다

금융공학은 엄연하게 기술적 금융작품이다. 기술적 측면에서 금융공학만큼 경제사회에 이익이 되는 분야는 찾기가 어렵다. 오죽하면 미국의 월가와 런던의 더 시티에서 미국과 영국을 먹여 살리고 있다고 이해하고 있을까.

목 좋은 데라면 은행이 즐비하고, 여의도에 집결한 한국 증권가의 위세는 고층빌딩에 속에서 태평성세를 구가하고 있다. 하지만 금융공학의 시야를 잠시 국외로 돌려 보면 그게 아니다. 사실과 너무나 다르다. 믿기지 않겠지만 취약점이 너무나 많다는 데 놀라지 않을 수 없다. 잇단 원전 수주전 실패의 사설에서 읽었듯이 '세계에 내세울 만한 금융기관이 없다'는 것 때문이다.

그럼에도 불구하고 내가 그린머니공학 만들기를 제안하고 있는 데 다른 비결이 있는 것은 아니다. 이는 국가 위정자와 금융 담당자의 책무이기 때문에 제안성 수준 정도의 접근 방식을 취하고 있는 것이다. 예를 들면 세계적인 연금펀드와 국부펀드와 어깨동무를 시키는 금융공학기술을 응용하는 일을 고려대상으로 제시할 수 있다.

1조(兆) 원(약 미화 10억 달러) 단위의 거금을 그린머니공학으로 활용하기 위해서는 뭉칫돈 운용사에 그만한 편익과 메리트, 그리고 상응한 명분을 안겨 주어야 한다. 응용원리는 지극히 간단명료하다. 보여 주고 지갑을 열어서 동참시키는 일이면 다른 이유나 조건 제시는 말장난이 된다. 세계 2의 국부펀드 운용사인 노르웨이 글로벌연금펀드는 부도 직전의 그리스 국채를 대량 매입해 자선(?)의 미덕을 보였다. 2010년도 최대 기업공개(IPO)였던 중국농업은행의 주식상장도 중동국가들의 국부펀드를 등에 업고 이루어낸 사례이다. 1 대 1의 단세포식 금융거래가 아닌 1 대 3 이상의 금융 네트워크를 동원할 수 있는 규모와 실적을 내세우면 되는 것이다.

이런 돈장사의 핵심은 리스크의 분배에서 판가름 나고, 금융생태계는 이를 적나라하게 드러내고 돈장사를 하고 있다. 이에 국가 위정자가 앞장서서 기술력과 신뢰성을 보여 주고 또 제시해 그들을 끌어안으면서 첫 단추를 푼 셈이다. 조(兆) 단위의 뭉칫돈 만들기는 그린머니공학의 원리에 따라 이를 첫 단계로 하여 실행시키는 국가적 리더십만 발휘하면 된다. 다만 문제로 남은 시스템 구비는 차선에 강구할 문제다.

맨주먹으로 중동의 열사(熱砂)에 건설 금자탑을 쌓아 올렸던 민간의 기업가 정신이 충분히 발휘할 수 있는 시스템으로의 재편(再編)이 필요하며 이를 완성시키기 위해서라도 그린머니공학을 만드는 일이 미션으로 남는다. 이를 위한 접근방식으로 다자 간 윈윈윈 테크가 최적이라면, 이제 남은 것은 그린머니가 필요한 관련 기업의 등을 밀기 위해 국가 리더가 앞장서서 외쳐야 한다는 것이다.

글로벌 국부펀드 규모 추정치

국부펀드	국가	자산규모
Abu Dhabi Investment Authority	아부다비	6,270억 달러
Government Pension Fund-Global	노르웨이	4,450억 달러
SAMA Foreign Holdings	사우디아라비아	4,320억 달러
SAFE Investment Company	중국	3,470억 달러
China Investment Corp	중국	2,890억 달러
Government of Singapore Inv Corp	싱가포르	2,480억 달러
Kuwait Investment Authority	쿠웨이트	2,030억 달러
National Welfare Fund	러시아	1,680억 달러
National Social Security Fund	중국	1,470억 달러
Hong Kong Monetary Authority Inv Portfolio	홍콩	1,400어, 달러

주: 국부펀드 투명성지수는 클수록 투명성이 높음
자료: IFSL(International Financial Services London), Sovereign Wealth Fund Institute 2009년 12월

4. 지하금융공학(Underground Money Engineering)을
   보듬고

또다시 반복한다. 전 세계 방송의 질서가 국영과 공영, 그리고 민영으로 구분해서 지구촌 소비자의 문화의 질을 향상시키면서 양질의 방송 콘텐츠를 만끽하고 있듯이 글로벌 그린마켓에서 승자의 배출은 우선적으로 뭉칫돈을 만들어 주는 일에서 시작된다.

양질의 다큐멘터리 한 편을 제작하기 위해 필요한 비용도 천문학적인 투자에 의해 가능하다. 세계 방송가에서 각광을 받고 있는 영국 BBC와 일본 NHK의 다큐멘터리는 그래서 일류로 대접을 받고 있다. 같은 이치로 지구공학이 필요로 하는 그린테크의 완성을 위해 파이낸스공학을 다시 세우고 동시에 그린머니공학을 만드는 일을 줄기차게(?) 제안하는 이유가 여기에 있다. 그리고 마지막으로 지하금융공학(Underground Money Engineering)에 관한 보고와 제안을 추가한다.

바로 앞장에서 살펴본 바와 같이 그린머니공학의 시드머니로서 국부펀드와 연·기금의 규모는 최근 OECD 발표에 따르면 9조 달러에 달한다. 반면 조세피난처의 검은돈은 대강 5조~11조 달러로 파악하고 있다. 세계 지하경제를 맴돌고 있는 숨은 돈과 조세피난처의 검은돈의 규모는 베일에 가려져 있다. 정확한 규모는 신의 영역임을 누구나 인정하고 있는 것이다. 다만 이를 글로벌 녹색성장에 시드머니화하는 것을 명분론으로 삼아 그린테크의 R&D 자금으로 활용하는 일은 지하금융공학의 알파와 오메가가 될 수 있다.

- 스위스은행의 비밀주의가 허물어지고

일자: 2011년 1월 17일(현지시각)

장소: 영국 런던 서부 노포크팰리스가(街) 프런트라인 클럽

이 나이트클럽에는 이날 카메라 플래시가 곳곳에서 터졌다. 중년 남자 두 사람의 거래(?) 때문이었다. 긴장감에 휩싸인 한 중년이 호리호리한 사내에게 두 장의 CD를 건네주는 장면을 담기 위한 취재 현장이다. 수백 년간 철통처럼 지켜졌던 스위스은행의 비밀주의가 허물어지는 순간이기도 하다. CD를 건넨 인물은 전직 스위스은행원 루돌프 엘머이고 받는 사람은 폭로전문 사이트 설립자인 줄리언 어산지였다. 이 두 장의 CD에는 탈세를 일삼는 스위스은행의 전 세계 고객 200여 명의 명단이 수록되어 있어서 카메라의 플래시가 당연히 터지게 되었다.

엘머는 스위스 바이에른은행에서 8년간 근무한 전형적인 뱅커이다. 그는 이 기간에 알게 된 고객 명단을 챙겨 오다가 이를 어산지에게 넘겨주었다. 나중에 자세하게 밝혀졌지만 엘머가 탈세고객의 인적사항을 파악할 수 있었던 것은 특별했던 그의 근무지 때문이었다. 조세피난처로 꼽히는 케이맨제도(諸島)의 지점에서 근무한 것과 관계가 있다.

- 모나코 · 바레인 등 전 세계 20여 곳

전 세계 곳곳에 흩어져 있는 유명 조세피난처는 줄잡아 20여 곳에 달한다. 모나코와 같은 유럽 소국과 케이맨제도, 그리고 중동지역 바레인 등에 걸쳐 있다. 돌이켜보면 현대적 의미의 첫 조세피난처는 스위스이다.

1918년 제1차 세계대전이 끝나자 전쟁을 치른 대부분의 유럽 국가는 엄청난 전비와 복구비용에 시달리게 되었다. 이들 나라의 현실적

인 출구는 세금 인상밖에 없었다. 그리하여 거의 모든 유럽 나라들은 세금을 올리게 된다. 이런 상황에서 유일하게 낮은 세금을 유지할 수 있는 나라가 있었다. 바로 영세중립국을 선언하고 전쟁의 폐허에서 벗어날 수 있었던 스위스였다. 이런 역사적 배경 때문에 스위스는 국민들에 대한 중과세를 피할 수 있었다. 자연히 외국의 부자들은 자국의 세금 폭탄을 피해 너도나도 스위스로 몰렸다. 이들의 돈을 맡게 된 스위스은행들은 생명처럼 고객의 인적사항과 규모 등을 비밀에 부쳐 주었다. 스위스은행에 맡긴 검은돈의 실상이 이제 판도라의 열쇠처럼 위키리스크에 의해 세상에 드러나게 되는 모양이다.

● 지구촌 조세피난처 기준

경제협력개발기구(OECD)는 기본적 기준을 적용해 조세피난처를 지정하고 있다. 우선 소득과 재산에 전혀 세금을 부과하지 않는지 또는 명목상의 세금만 존재하는지를 본다. 하지만 이것만으로는 부족하기 때문에 다른 세 가지를 기본적 기준으로 추가하고 있다.

첫째, 세정운영에서 투명성의 확보 유무를 가린다.

둘째, 다른 정부와의 탈세정보 교환을 막는 법률이나 행정절차가 있는지 여부이다.

셋째, 탈세정보 교환을 적극적으로 실행하는지 등을 종합적으로 판단해 조세피난처로 지정하고 있다. 앞에서 설명한 대로 모나코와 바레인 등의 20여 개 국가가 여기에 속한다.

그렇다면 이 검은돈에서 세금탈세액은 과연 얼마나 될까? 국제적인 세무회계 전문가들의 모임인 조세정의네트워크(TJN)는 조세피난처로 자금이 빠져나가는 바람에 연간 총 2,250억 달러의 세금이 덜 걷히고 있다고 분석했다.

● 스위스 예금 비밀보장 흔들

세계의 검은돈이 가장 많이 묻어 있는 스위스은행의 예금 비밀보장이 흔들리게 된 것은 이번 위키리스크 설립자가 루돌프 엘머로부터 런던에서 CD 두 장을 건네받기 전인 2009년 2월 19일 스위스 최대 은행인 UBS가 미국 정부에 탈세혐의자 300명의 개인정보를 넘겨주겠다고 밝히면서 시작했다.

이에 그치지 않고 오바마 정부는 5만 명의 정보를 더 내놓으라고 압박하고 있다. 오바마 대통령은 상원의원 시절인 2007년 2월 칼 레빈 의원과 함께 '조세피난처 악용 방지법안(Stop Tax Haven Abuse Act)'을 제출하기도 했다. 오바마 대통령은 이 법안에서 해외에 있는 조세피난처를 이용한 탈세를 막기 위한 다양한 방안을 제시했다. 조세피난처를 가장 많이 이용하는 것으로 알려진 헤지펀드에 대해 돈세탁 방지 프로그램을 만들도록 요구하고, 미국의 조세집행을 방해하는 해외 조세피난처를 제재할 수 있는 권한을 재무부에 부여하는 일에 앞장섰다.

당시 오바마 상원의원과 함께 법안을 제출했던 칼 레빈 의원은 상원에서 "우리는 군대 유지와 교육에 필요한 돈을 조세피난처에 숨기는 일이야말로 용인할 수 없다"며 "이는 정직한 납세자들에게 무거운 짐을 지우는 행위이다"라고 강하게 비판했다.

그렇지만 은행의 비밀주의는 스위스은행의 '원천기술'이다. 이 덕에 스위스는 각국의 해외 예금(7~8조 달러) 가운데 3분의 1을 유치해 왔었는데 비밀주의에 금이 가게 되었다.

이에 겸해 한국 국세청은 연간 270조 원에 이르는 지하경제를 양성화하기 위해 소득에 비해 지출이 많은 과도한 납세자를 가려낸 뒤 이들의 탈루 세액을 추적하는 새로운 시스템 개발에 착수했다고 한다. 지난해 국세청 고위 관계자는 국회 국감장에서 "한국의 지하경제 규모에 20%의 조세부담률을 적용하면 20~30조 원의 추가 세수(稅收) 확보가 가능하다"고 밝혔다. 실제로 2009년 한 해 동안 한국의 국내총생산(GDP)은 1,023조 원으로 국회예산정책처 등은 지하경제가 GDP에서 차지하는 비중을 26.7%로 추산하고 있다.

따라서 국내외 지하경제에 도사리고 있는 검은돈에 대해서 세계 위정자들은 이를 양지로 끌어내는 일에 앞장을 서야 한다.

이를 위해서는 지하금융공학으로 보듬고 동시에 그린머니공학이 지향하는 정책을 세워서 명분론에 임하면 된다. 이를 통해 경제주체가 요구하고 있고 기대하는 일이 불가능에서 가능으로 이룰 수 있다. 각국 정부는 젊은 층 일자리 창출에 소정의 성과를 낼 수 있고, 관련 기업은 뭉칫돈 수혜에 의해 그린테크의 완수를 보다 쉽게 만들 수 있다.

물론 우리 지구촌 소비자는 보다 나은 환경에서 웰빙의 수혜자가 되는 일을 기대해도 좋을 것이다. 다만 이를 얼마나 실천력 있게 보여 주느냐가 관점 포인트로 남게 된다.

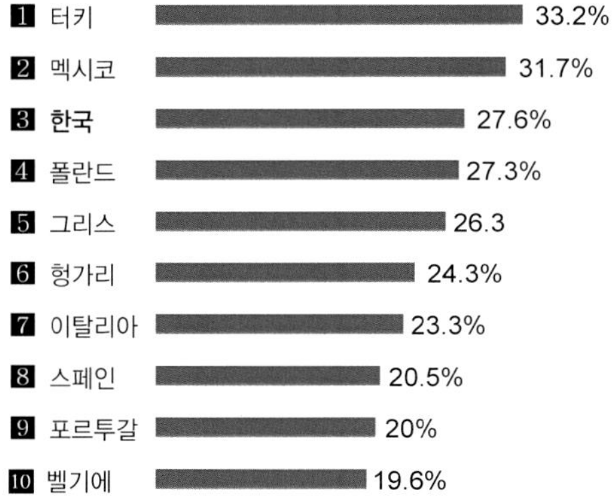

자료: 강창일 민주당 의원실. 국회예산정책처. 오스트리아 빈츠대 프리드리히 슈나이더 교수팀

올해 시행된 주요국의 조세포탈 및 조세회피 억제대책

미국	그리스	독일	프랑스	한국
'비밀주의' 전통을 유지해온 스위스 은행 UBS의 미국인 고객, 약 4450명의 거래정보를 제출받기로 스위스 정부와 합의(8월)	중대한 조세회피 행위에 대한 단속 등을 통해 4억 4000만 유로의 세수를 확충하는 내용의 증세안 발표(6월)	OECD의 정보교환 지침을 지키지 않은 국가와 거래를 하는 사업자에게 증빙서류의 제출을 의무화하는 탈세 퇴치 법안 승인(7월)	조세피난처 거주자에게 지급하는 이자, 배당, 사용료에 대한 원천징수 세율을 현 0~35%에서 50%로 이상 검토(9월)	고소득 전문직 세(稅)파라치 도입, 상습 고액 탈세범 처벌 강화, 상가 임대소득 파악시스템 구축 등의 내용이 담긴 세제개편안 발표(2009, 8월)

자료: 한국조세연구원, 기획재정부

'숨겨진 소득' 어떻게 추적해 세금 매기나

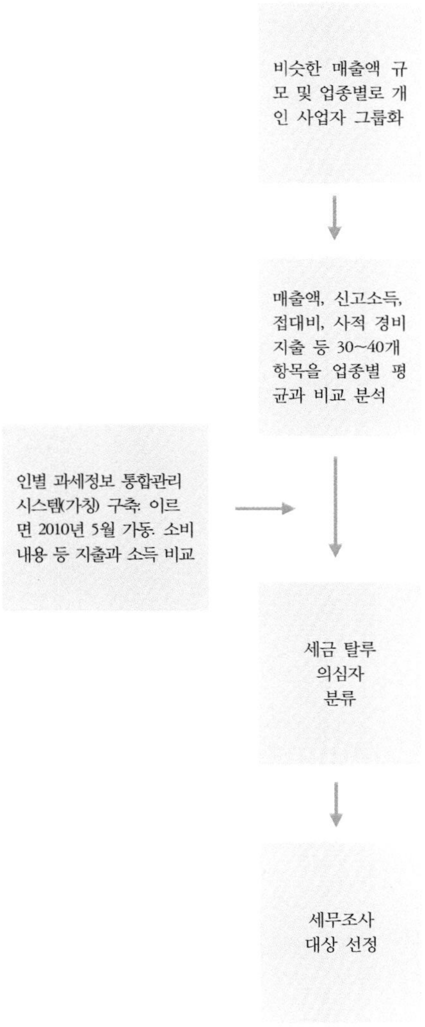
비슷한 매출액 규모 및 업종별로 개인 사업자 그룹화
매출액, 신고소득, 접대비, 사적 경비 지출 등 30~40개 항목을 업종별 평균과 비교 분석
인별 과세정보 통합관리 시스템(가칭) 구축: 이르면 2010년 5월 가동. 소비 내용 등 지출과 소득 비교
세금 탈루 의심자 분류
세무조사 대상 선정

그린머니와 그린테크의 행복한 결혼

녹색성장에서 그린머니는 곧 실천력의 원동력이다. 에너지이기도 하다. 실천력과 에너지가 갖는 의미대로 이를 이용하여 그린테크는 비로소 세상의 빛을 보게 된다.

녹색성장산업 관련 기업들이 10년 이후 먹을거리를 찾아야 하는 미션을 완수하기 위해서 뭉칫돈 그린머니의 운용은 필수에 가깝다. 전쟁터에 나간 병사에게 총도 필요하지만 더 중요한 것은 실탄이다. 여기서 실탄은 바로 돈이다. 따라서 기술과 돈의 관계설정을 위해서는 글로벌 그린마켓에서 주목하는 아이템 구비에서 성패가 엇갈린다.

이를 위해 제2부에서는 그린 코리아가 구비한 다섯 가지 경쟁력 있는 아이템을 소개했다. 비좁은 국내시장을 넘어 글로벌 마켓을 지향할 수 있다고 판단되는 해수 담수화 플랜트를 비롯하여 21세기형 그린빌딩과 르네상스 시대를 열고 있는 원자력발전소, 나노 코팅 촉매 기술과 한국형 자기부상열차 등을 다루었다. 마지막으로는 녹색성장산업의 명분론에서 으뜸인 국제 유가와 고령화 추세에 따른 주거환경 변화에서 발효된 컬렉티브하우스(collective house)와의 행복한 결혼을 제안했다. 모두가 한결같이 돈이 되고 돈이 모이는 그린마켓의 현황에서부터 미래까지 고루고루 섭렵했다.

그렇다고 해도 녹색성장산업 하면 태양광발전과 풍력발전, 스마트그리드와 LED 등에 대한 제시가 중요하다. 이를 잘 알면서도 배제시킨 이유는 내가 이 책에 앞서 『GGGR』을 출판한 관계로 중복을 피해야 했기 때문이다. 따라서 고의든 자의든 건너뛰는 것으로 이해해주면 좋을 듯하다.

Chapter 1 그린테크가 녹아 있는 인사이드

1. 물의 부족을 해수 담수화 설비가 책임을 지고

독도를 지키는 37명의 경비대원들은 요즈음 신이 나 있다. 하루 근무를 끝내고 마음껏 샤워를 할 수가 없었던 불편이 해소되었기 때문이다. 해양 경비생활에서 몸의 청결은 최상 조건이 된다. 그동안 물이 부족한 독도에서 샤워는 꿈도 못 꾸던 일이었다. 그러나 지금은 하루 27톤의 '해수 담수화 설비'가 가동되고 있기 때문에 마냥 신이 나게 되었다. 바로 한국이 개발한 그린테크에 의해서 문제의 해결이 가능했기 때문이다. 이 설비는 바닷물을 끓인 뒤 수증기만 거둬들여 물을 만드는 이른바 해수 담수화 설비에 의한 수혜이다.

두산중공업은 국내뿐 아니라 해외에서도 이런 해수 담수화 설비를 많이 짓고 있다. 독도처럼 기증용이 아니라 우수한 그린테크를 통한 그린머니가 들어오는 사업용으로 그 위세가 당당하다. 해수 담수화 설비 기술은 그동안 이스라엘과 이탈리아 등이 가진 독점기술이었다. 그러나 최근 세계적인 기술을 등에 업은 두산중공업이 이들을 능가하는 그린테크로 글로벌 그린마켓에서 선전하고 있다. 특히 두산중공업의 전매특허 기술인 세계 최초의 '원모듈(One Module) 공법'을 개발하여 이를 해외시장에서 좋은 반응을 얻어내면서부터이다.

● 목마른 인류, 바닷물을 마신다

지금 세계는 심각한 물 부족 상태이다. 지구에 있는 물의 양은 13억 8,600만km³ 정도로 추정되고 있다. 이 가운데 97%는 바닷물이고 인류가 마실 수 있는 담수(淡水)는 3,500만km³에 불과하다. 그나마 70%가 빙산·빙하 등 얼음상태이다. 따라서 세계 인구의 40%가 물 때문에 고통을 받고 있다고 OECD는 발표한 바 있다. 이 물의 고통 속에는 사람이 마실 물을 비롯하여 농사를 지을 물과 공장을 돌릴 물도 모두 포함된다. 그래서 목마른 사람들은 흔하디 흔한 바닷물을 담수로 바꿀 것을 꿈꾸어 왔다. 지하수 개발이나 인공강우를 시도하기도 했다. 하지만 좋은 결과는 기대난임을 알았다. 지하수 개발은 수원 고갈이나 수질 오염을 피하기 어렵고 인공강우는 아직 실험단계에 머물고 있다.

바닷물을 바꾸는 일은 이론적으로 간단하다. 바닷물을 데워 생기는 수증기를 식히면 된다. 소량이라면 집에서도 쉽게 만들 수 있다. 그러나 수십 만 명이 마시고 공장을 돌리고 중동 사막지대에서 가로수 나무를 가꾸려면 애기는 달라진다. 무엇보다 천문학적인 돈이 든다. 중동지역의 석유는 오일머니를 낳았고 주머니에 달러가 가득해지자 그들의 오랜 꿈을 실천에 옮기고 있다. 결국 이는 거대란 해수담수화 설비 시장이 열리는 계기로 이어졌다.

- 해수 담수화의 기술적 안내

바닷물을 마실 수 있는 물로 바꾸는 방법은 크게 세 가지로 요약된다. 다단증발법과 다단효용증발법, 그리고 역삼투압방식이다. 다단증발법과 다단효용증발법은 바닷물을 가열해 수증기를 응축(凝縮)시켜 담수를 만드는 방법이다. 반면 역삼투압방식은 고압펌프로 바닷물에 고압을 가해 바닷물의 용매에서 농도가 낮은 쪽으로 이동하는 원리를 이용한다.

대량 생산에는 다단증발법(MSF 방식)이 쉬워 세계 담수화 설비의 50% 이상이 다단증발법을 사용하고 있다. 이 방법은 먼저 섭씨 35도의 바닷물을 증발기(evaporator)로 끌어올린 다음 발전소에서 나오는 120도의 뜨거운 증기로 가열해 수증기를 만든다. 수증기를 식히면 관에 물방울이 맺히는데 이를 모아 담수를 만들게 된다. 그래서 당연히 핵심 설비는 바닷물을 증발시키는 증발기인데 크기부터 어마어마하다. 보통 길이 90m에 폭 30m, 중량은 3,500톤이나 된다. 웬만한 축구장만 한 크기라고 생각하면 된다.

- 이스라엘 팔마림 市 GES 담수화 플랜트

이스라엘은 연간 강우량이 700mm 내외로 심각한 물 부족 국가에 속한다. 그러나 이를 해수 담수화 설비를 통해 극복한 모범 국가이기도 하다.

이스라엘은 이 설비와 이 기술로 전체 물 소비량의 25%를 충당하고 있다. 이스라엘 수도 텔아비브에서 남쪽으로 15km 거리에 있는 해안도시 팔마림 시(市) 소재 GES 담수화 플랜트는 연간 담수화 생산량 4,500만 톤을 자랑하고 있다. 이 공장의 아브너 힐모니 매니저는 "바닷물을 마시는 물로 변신하는 데 걸리는 시간은 90분이면 충분하다"면서 "이스라엘 해수 그린테크는 세계 최고 수준이다"라고 강조했다.

특히 GES 해수 담수화 플랜트에서 이용한 담수기술은 크게 세 단계를 거친다. 우선 바닷물을 채워 조개나 쓰레기를 제거한 뒤 높은 압력을 가해 염분부터 분리한다. 이때 완전히 순수한 물이 생산되는데 이를 마시면 탈수를 유발할 수 있어 마지막으로 미네랄이 더해진다.

이 때문에 최근 이스라엘은 그린테크로 우뚝 섰고 여기에 그치지 않고 해수 담수화 기술을 전 세계에 그린 아이템으로 승화시켜 국부를 쌓고 있다. 이에 대한 자세한 소개는 3부에서 다시 만날 수 있다.

● 해수 담수화로 세계 1위를 노리고 있는 두산중공업

중동지역 도시국가 아부다비에서 300km 떨어진 후자이라에는 세계적인 발전·담수 플랜트가 자리를 잡고 있다. 광활한 사막지대에 세워진 이 플랜트는 현대 아랍판 오아시스이다. 두산중공업이 지난 2004년 1월 준공시킨 후자이라 플랜트는 하루 45만 톤의 물을 생산하고 있다. 150만 명이 쓸 수 있는 양이다. 이 공장의 핵심은 최신 그린테크가 묻어 있는 증발기이다. 후자이라에 사용한 이 대형 증발기는 두산중공업이 자체 그린테크인 '원 모듈' 공법에 따라 네 파트로 나누어 제작했다. 이후 축구장만 한 크기의 3,500톤급 선박을 이용해 통째로 한국에서 실어 왔다. 물론 자체기술에다 통상 24개월이 소요되는 공기를 12개월로 단축시키는 세기적 기적을 이룩하기도 했다. 이 때문에 '대단한 한국인'이라는 찬사가 쏟아졌다. 올해로 7년째인 후자이라 플랜트는 중동지역 국가들에 그린테크 메카가 되었다. 특히 밤에 둘러보는 이 지대의 야경은 과연 여기가 중동지역인가 하는 경외감마저 안겨주고 있다. 이를 그린 코리아가 이룩한 것이다.

다시 국경을 넘어 오만 수도 무스카트에서 북쪽으로 200km 떨어진 소하르 해수 담수화 플랜트가 있다. 무스카트는 최근 소말리아 해적의 납치사건으로 이름이 난 삼호주얼리호가 임시 정박한 그곳이다. 두산중공업이 2007년 4월 준공시킨 소하르 플랜트는 3만 6,000평의 대지 위에 1일 50만 명이 쓸 수 있는 15만 톤 규모의 담수플랜트와 596mW급 복합발전소가 함께 자리를 잡고 있다.

● 해수 담수화 설비 시장 규모

해수 담수화 설비 시장은 무궁무진하다. 중동지역을 비롯하여 아시아와 아프리카 등 물이 부족한 나라들이 전부 고객이 된다.

현재 세계 시장 규모는 약 50억 달러 내외로 추정하고 있다. 150만 명이 쓸 수 있는 양인 하루 45만 톤을 생산하는 설비의 가격이 5~6억 달러에 이른다. 현재 세계 담수화 분야의 선두 주자는 두산중공업이다. 세계 시장 점유율은 40%에 달하고 있다. 그렇다고 두산중공업의 정상 등극이 하루아침에 이루어진 것은 아니다. 돌이켜보면 1978년 사우디아라비아 프로젝트에 참여한 것을 시작으로 33년간 꾸준한 그린테크 투자에 의해서 가능한 성적표이다.

1990년대 선진국들이 독점하던 이 그린테크를 두산중공업은 자체로 원모듈 방식을 비롯하여 MSF 방식과 역삼투압 방식을 점복한 하이브리드 방식 등 독보적인 기술을 보유하고 있다. 남은 것은 이 그린테크를 융합기술로 발전시켜 인사이드 분야에서 세계적인 메이커로 그 자리를 지키는 일이다. 그게 바로 그린머니와 그린테크가 이루어내야 할 행복한 결혼이기 때문이다.

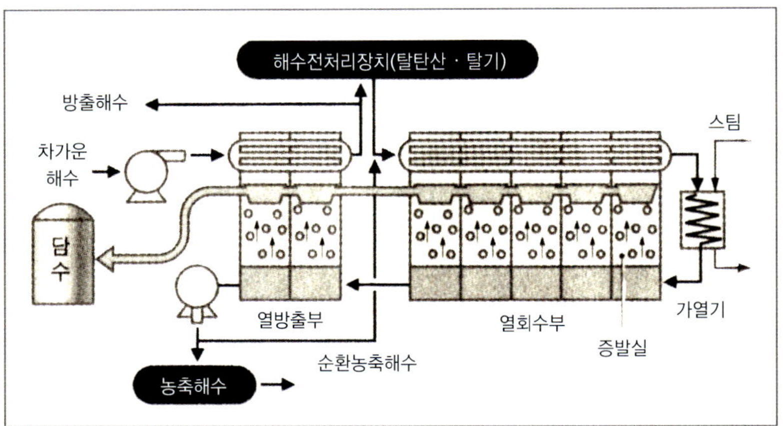

※ 차가운 해수(약 35c)가 각 단의 상부의 Tube를 통해 지나가고 단의 하부에는 가열기를 통과한 뜨거운 물이 흘러 들어가 물이 끓어 발생된 수증기는 차가운 Tube내벽에 응축되는데 이것이 담수이다.

2. 친환경 건축이 이룩한 그린빌딩

그린테크가 녹아 있는 두 번째 인사이드 아이템은 녹색성장 시대에서 친환경 건축문화를 이용한 그린빌딩이다. 그린빌딩의 다른 표현은 친환경적 건축과 개발에 의해 쾌적한 웰빙문화 수혜자로 대접을 받을 수 있는 그린지향의 건축공학 시스템을 일컫는다. 전문적인 용어를 굳이 빌려 쓰자면 친환경인증건물(LEED: Leadership in Energy and Environmental Design)을 지칭한다.

실제로 도심에 있는 건물은 에너지 소비의 주범(主犯)이다. 전 세계 에너지 소비의 45%가 이들에 의해 소진되고 있다는 유엔의 통계도 우리는 가지고 있다. 예를 들면 일반 건물과 도심 아파트에서 소비되고 있는 각종 에너지에서 전력 소비의 35%와 수돗물 사용의 50% 가까이를 절약하는 그린빌딩을 기대하기 시작했다. 이게 그린테크에 의해서 최근 현실화되기 무섭게 훌륭한 미래전략으로 주목을 받으면서 경제주체는 절대적 지지와 관심 속에 발전하고 있다. 앞 장에서 소개한 해수 담수화 설비 플랜트처럼 큰돈이 되고 있기 때문이다.

● 그린빌딩의 시대적 가치와 LEED 인증마크 획득

미국에서 친환경건축에 가장 적극적으로 꼽히는 도시가 보스턴이다. 보스턴 시내 한복판에 자리를 잡은 맨유파이낸셜라이프 빌딩은 그 대표적인 건물에 속한다. 14층 건물 외벽이 모두 유리로 장식되어 채광성을 높이고 세련미까지 갖추고 있다. 특히 그린빌딩의 충족 사항인 '이중 커튼월'이라고 불리는 유리벽 구조는 일품이다. 왜냐하면 두꺼운 유리를 이중으로 대서 건물 외벽을 구성한 다음 유리 사이에 20cm 공간을 두고 공기를 흐르게 하는 구조건물이기 때문이다. 이 시스템 덕분에 여름에는 열 흡수를 줄이고 겨울에는 열 보존율을 높이는 효과를 얻어냈다. 이를 통해 에너지 소비를 연간 6% 정도 절감했음은 물론이다.

● 빌딩농장의 상업화 러시

지난해에는 배추파동으로 한국은 식재료 대란을 겪었다. 오는 2020년에 이르면 빌딩농장이 보편화되어 김장철마다 시끄럽던 '배추 파동'이라든가 '금(金) 배추'라는 말은 옛 교과서에나 읽을 수 있게 된다. 이상기온과 호우 및 태풍 등의 영향으로 기존 텃밭에서 재배하는 식재료 작황이 좋지 않다고 해도 정부는 부기별로 식재료 작황을 모니터링해 빌딩농장에 알려준다. 농장마다 이 정보를 보고 수요를 예측해 공급 물량을 예측한다.

이처럼 대도시 고층건물에서 농사나 양식을 하는 빌딩형 농장이 득세하는 세상을 보게 된다. 그래서 이를 실현하려는 움직임이 일본을 비롯하여 미국과 유럽에서 이미 시작되고 있다. 최근 영국 파이낸셜타임스(FT)에 따르면 많은 나라가 미래 식량안보의 중요한 수단으로 빌딩농장을 그린테크산업으로 간주해 투자를 시작했다고 전했다.

일본에는 이미 '식물농장'으로 불리는 빌딩농장 50개가 건립되어 운영 중이다. 일본정부는 이 분야를 지원해 2015년까지 식물공장을 200개로 늘릴 예정이다. 비록 수경재배 위주의 초기 단계에 머물러 있지만 식재료를 대량 재배해, 큰돈을 벌기 위한 빌딩농장 운영이 아닌 체험학습과 회사 이미지업, 관광객 유치와 미래수종산업 찾기 수준으로 이를 운영하고 있다.

캐나다 정부는 토론토 한복판에 58층짜리 초고층농장빌딩 '스카이 팜(sky farm)'을 건립하는 중장기계획을 발표했다. 미국은 뉴욕 도심 맨해튼에 30층 높이의 빌딩농장 건립을 계획하고 타당성 조사에 임하고 있다.

한국에서도 빌딩농장 연구가 시작되었다. 롯데마트 서울역점은 2010년 7월 매장 안에 빌딩농장 축소판인 '행복가든'을 설치했다. 인공광 채소 재배 기술을 활용해 상추를 재배하여 판매하고 있는 것이다. 채소 재배에 필요한 햇빛은 발광다이오드(LED)로 해결하고 동시에 흙은 배양액을 이용하고 있다. 최근엔 국내 1호 빌딩농장이 가동되었다. 경기도 수원시 국립농업과학원에 빌딩농장 두 채를 준공시켰다. 한국농촌진흥청은 이곳을 한국 빌딩농장 연구의 전초기지로 활용해서 이 빌딩농장 사업에 불을 지필 것이라고 한다.

● 건물일체형 태양광발전 시스템

미래 태양광산업의 블루칩으로 예상되는 건물일체형 태양광 시스템(BIPV: Building Integrate Photovoltaic)은 태양광 모듈 자체를 건자재(建資材)화해서 에너지를 끌어내는 것을 지칭한다. 쉽게 말해 태양광 모듈을 건물 지붕이나 옥상에 별도로 설치해 에너지원을 이 끌어냈던 기존 태양광 시스템과는 달리 발전소재를 건물 외벽이나 외관 창호 등에 직접 부착해 자체적으로 전기를 생하는 것은 물론 건물의 외벽재와 창호재 등을 활용하는 신개념 태양광 시스템이다.

이미 미국을 비롯하여 유럽 전역과 일본에서는 신재생에너지에 대한 지속적인 투자로 BIVP 분야가 매우 활성화되어 있다. 특히 벽 부형 BIVP는 건물입면에 설치하는 시스템으로 태양광을 수직으로 받아 다른 시스템에 대비 발전량이 30% 저하되는 단점이 있지만 건 물의 부지를 최대한 활용할 수 있고 동시에 건물의 파사드를 제공한 다는 의미에서 최근 선호도가 가장 높다.

신재생에너지에 대한 세계적인 흐름과 그린테크가 필요한 아이템 이기 때문에 더 넓은 시장 확대와 가치 창출을 위한 다양한 사업들 에 대한 연계가 미션으로 남는다. 이를 위해서라도 그린빌딩에 접목 시킬 그린테크는 많으면 많을수록 좋다. 여기에 따라 그린머니의 필 요성을 새롭게 거론하는 것은 촌스럽기까지 하다.

미국 보스턴은 미국에서 최초로 건설된 도시이다. 영국 청교도들 이 자유를 찾아 뿌리를 내린 땅이다. 그래서 보스턴은 교회 등 옛 건 물과 현대 디자인이 뛰어난 건축물이 조화를 이루는 도시이기도 하 다. 이 도시의 자랑인 하버드대학교와 MIT대학교를 거느리고 있기 에 그린빌딩의 위용은 이제 관광 명소로 자리를 잡고 있다.

대도시 한복판에 자리 잡을 빌딩 농장의 상상도. 미국 컬럼비아대 공공보건학과의 딕슨 데스포미어 교수 연구팀이 그렸다. [버티컬팜(www.verticalfarm.com) 제공]

3. 전성시대를 맞고 있는 리튬이온배터리

그린테크가 녹아 있는 인사이드에서 중요한 아이템인 친환경 자동차용 리튬이온배터리의 개발과 이용은 최근 고유가행진에 따라 초미의 관심사가 되었다.

실제로 올해부터 출시된 전기자동차에서 그린테크의 결정판인 친환경車 배터리는 곧 자동차의 미래를 결정하는 기술에 속한다.

세계적으로 전기차의 선두그룹인 미국의 GM과 중국의 BYD는 이미 실용화로서 글로벌 그린마켓을 주름잡기 시작했다.

한국의 현대자동차와 일본의 도요타가 주춤한 사이 이들은 전기자동차에 쓰이는 리튬이온전지 시장을 놓고 피나는 형극을 연출하고 있다. 그 핵심은 전기차용 리튬이온배터리이다.

운이 좋게도 미국 GM의 친환경차 '볼트'에 사용하는 배터리는 한국 LG화학이 맡고 있고 독일 BMW는 삼성SDI라는 점에서 그 의미는 지대하다.

자동차용 배터리의 올해 시장 규모는 1조 원이지만 2015년에는 10조 원으로 급상승할 것이라는 통계가 벌써부터 코리아 그린테크의 기대주가 되고 있다.

실제로 리튬이온배터리 용량의 진화는 갈수록 보다 가벼움을 추구하는 과정에 많은 변화를 가져왔다.

예를 들면 휴대폰에서 사용하는 리튬이온배터리를 1개로 치면 노트북은 15개이다. 대신 하이브리드차량(HEV)은 625개이고, 순수 전기차(EV)는 6,250개가 필요하다.

따라서 모든 전기자동차용 그린테크의 미래는 가벼운 리튬이온배터리에 대한 기술적 축적에 의해서 승부처가 달려 있다.

최근 글로벌 그린테크의 기준이 '메가와트(Megawatt)와 네가와트(Negawatt)의 공동추구'로 모아지고 있기 때문에 이를 적용한 기대치는 그래서 빛이 난다.

● 작고 세진 리튬이온배터리 세계

전기에너지를 저장해 사용할 수 있는 전지(Bettery)는 오랜 역사로 거슬러 올라간다. 1794년 이탈리아인 알레산드로 볼타에 의해 처음 고안되었다. 줄잡아 200년의 역사를 지닌 셈이다. 전압 단위인 볼트(V)는 그의 업적을 기리기 위해 붙어진 이름이다.

반도체가 전자기기의 두뇌가 되고 디스플레이는 얼굴로 가늠되고 있다면 전지는 전자기기에 전력을 공급하는 역할을 하고 있어서 흔히 '심장'에 비유한다.

전자산업 발전의 또 다른 계기는 1855년 충전과 방전을 반복할 수 있는 2차전지의 탄생과 깊은 연관을 지니고 있다.

특히 가장 앞선 그린테크는 1980년대부터 연구개발이 시작되어 1991년 일본 소니에너지테크가 상용화에 성공시킨 이후 세계적인 관심사가 되었다.

소니의 경우 '명성은 전자제품에서 얻고 돈은 2차전지에서 번다'는 말까지 나왔다. 하지만 2차전지는 내부에 어떤 물질이 들어가느냐에 따라 전혀 다른 전지가 된다. 초기에 많이 사용된 2차전지는 납축전지였다. 납축전지는 자동차 전원장치로 쓰이는 건전지이다. 부피도 크지만 황산이 들어가기 때문에 항상 안정성 문제가 도사리고 있었다.

그러나 리튬이온배터리 경우에는 젤(Gel) 형태로 말랑말랑하게 만들 수 있어 전자제품의 두께나 부피를 줄이는 데 혁신적인 구실까지 겸하고 있다.

현재 2차전지 주류인 니켈수소와 리튬이온은 주로 휴대폰과 노트북, 캠코더와 PDA 등에 쓰이고 있다.

정보통신연구진흥원에 따르면 2009년 2차전지 규모는 276억 달러로 리튬이온전지는 31% 점유율을 차지하고 있다.

오는 2013년에 이르면 45%까지 상승할 것으로 예단하고 있다. 향후 전지자동차가 활성화되면 리튬이온배터리의 수요가 급상승해 전성기 진입은 이제 시간문제로 남고 있다.

● 리튬이온배터리에서 거는 기대

2차전지의 본격적인 시장 확대는 한국에서 곧 출시될 전기자동차

‘블루온(Blue On)’에 적용될 수준으로 제품 성능이 강화되는 지금부터다.

전기자동차에 탑재되는 리튬이온배터리는 노트북 컴퓨터용 전지보다 출력은 50배 이상 높고 사용기간은 15년이나 길다. 주행거리에서는 25만km를 보장할 수 있어야 한다.

여기에다 자동차 충돌 발생 시에 대비해 발화되지 않을 정도의 안정성까지 갖추어야 한다.

하지만 도요타 등 일본 자동차 메이커들이 주도해 온 하이브리드 자동차에는 일본이 주도권을 가지고 있는 니켈수소전지가 탑재되어 왔었지만 전기자동차(EV) 시대가 본격화되면 판도가 달라질 전망이다.

도요타의 ‘프라우스’에 정착된 니켈수소전지에 비해 리튬이온배터리는 동일한 무게에서 두 배의 에너지를 지닌다. 같은 체적 조건에서 두 배 출력을 내는 것은 주행 거리가 길어짐을 의미한다. 메모리 현상도 없어지면서 수명도 두 배 이상 길어진다.

더욱이 니켈수소전지는 란타늄 등 희토류 부족으로 인해 대량생산에 한계가 발생할 수 있다. 최근 중국이 희토류 수출에 제동을 걸면서 이 현상은 니켈수소전지의 미래를 어둡게 만들고 있다.

이런 측면에서 보면 리튬이온배터리가 이 시장을 대처할 수 있게 된다. 이를 위해 한국 정부가 리튬이온의 최대 보유국가인 남미 볼리비아에 주목한 이유가 여기에 있다.

● 리튬이온배터리 한국이 주도하다

한국 기업들이 과거 반도체나 LCD 등에서 그랬듯이 2차전지 시장에 사장에서 쾌속 질주에 나섰다.

새로운 금맥으로 떠오르고 있는 2차전지는 1991년만 해도 일본이 글로벌 시장의 95%를 점유했다. 하지만 2010년을 전후해서 일본의 시장 점유율은 50%까지 낮아진 반면 한국은 25%이고 중국은 24%로 조사되고 있다.

그러나 한국은 분명 2차전지 분야에서는 후발주자이다. 그렇지만 2000년부터 차세대 2차전지인 리튬이온배터리에 집중했던 '전략적 선택'이 탁월한 효과를 발휘하기 시작했다.

세계 최대 전자업체 산요가 3년간 적자 끝에 파나소닉에 인수되면서 위상이 다소 흔들리고 있어서 한국 기업에게는 중흥의 기회가 되고 있다.

또 전기자동차용 배터리 시장은 일본이 주도한 니켈수소전지가 아닌 리튬이온배터리 쪽으로 빠르게 이동하고 있다는 점도 매우 긍정적이다.

여기다가 한국의 LG화학과 삼성SDI 등이 가세하여 기존의 기술력과 결합되면서부터 시너지 효과를 발휘하고 있다.

LG화학은 앞에서 언급했듯이 미국 GM의 파트너로 '볼트'에다, 삼성SDI는 독일 BMW 등에 리튬이온배터리를 공급하고 있어서 선발 일본 업체를 위협하는 형극으로 발전하고 있다.

● 배터리기술이 향후 전기자동차 성패를 가름하다

2009년 7월 LG화학은 충북 오창산업단지에서 리튬이온배터리 공장을 착공했다. 미국 GM의 볼트에 정착시킬 배터리를 납품하기 위해서다.

IT기업들이 자동차시장에 눈독을 들이는 이유는 자동차가 대형 IT 기기로 바꾸고 있는 데서 비롯된다.

가솔린이나 LPG로 자동차 엔진을 돌리는 기존 자동차와 달리 전기자동차는 휴대폰처럼 배터리를 이용해 전기 모터를 돌리기 때문에 그렇다.

이 때문에 신규시장 선점을 겨냥해 최근 세계 자동차업계와 배터리업체 사이에는 합중연횡이 활발하게 진행되고 있다.

일본 도요타는 파나소닉에서, 혼다는 산요로부터, 닛산르노는 NEC에서 각각 배터리를 공급받고 있다.

이러한 지각변동을 통해 코리아 그린테크는 한 단계 높은 도약의 발판을 마련하고 있다. 그러나 갈 길은 아직 멀다. 글로벌 금융위기 이후 미국 디트로이트에 둥지를 틀고 있던 미국 자동차 메이커인 GM과 포드 등은 전기자동차로 디트로이트 영광을 되찾기 시작했다. 핵심적 부흥전략은 전지자동차이다.

이들이 리튬이온배터리에 필요한 각종 신기술과 특허로 중무장해서 세계 자동차 시장의 르네상스를 준비하고 있어서다.

버락 오바마 미국 대통령은 재선의 히든카드로 '디트로이트 부흥'을 통한 자동차 왕국의 재현으로 가닥을 잡고 있기 때문에 리튬이온배터리의 전성기는 미래가 아닌 가까운 내일부터 결정적 미국 경제 효과로 이어질 공산이 날로 커지고 있다.

그린테크가 녹아 있는 아웃사이드

1. 이산화탄소에서 나노 코팅 촉매를 만들고

기후변화가 자연현상이 아닌 인류에 의해 벌어진 문제라는 인식이 확산되고 있다. 최근 한국 기후 하면 떠올랐던 삼한사온(三寒四溫)은 이제 빈말이 되었다. 2011년 2월의 날씨는 이십한삼온(二十寒三溫)을 보였다. 이 이유에 대한 바른 정설은 아직 없다. 굳이 말하자면 이산화탄소의 배출로 공기가 악화된 것이 원인이라는 가설에 대한 의견일치뿐이다. 그러나 그린머니와 그린테크의 행복한 결혼에서 지구온난화의 주범인 이산화탄소는 항상 문제아였다. 이를 불식시키고 여기에 따른 그린머니를 만들어 낼 것으로 기대되는 탄소배출권 확보는 초미의 관심사 중 하나이다. 왜냐하면 탄소배출권은 곧 미래의 황금이기 때문이다. 그래서 기업들은 이산화탄소에 의한 이익 증대에 발을 벗고 나선 것이다.

● 포스코의 변신

한국에서 지구의 정반대편인 남미 우루과이 세로라르고(Cerro Largo) 州가 있다. 우루과이 수도 몬테비데오에서 북동쪽으로 350km 떨어진 이곳에 1,000ha 규모의 한국 땅이 있다. 포스코가 2009년 2월 구입한 목초지이다. 포스코는 오는 2014년까지 추가로 땅을 구입해 여의도 면적의 70배에 달하는 총 2만ha(약 6,000만 평)를 확보할 예정이다. 포스코는 이곳에 높이 100m 정도로 자라는 유칼립투스라는 나무를 심고 있다. 1단계로 1,000ha에 나무를 심고 오는 2014년까지 유칼립투스 숲을 조성할 계획이다.

철강기업 포스코가 그 먼 곳까지 진출하여 유칼립투스 숲을 조성한 이유는 향후 탄소배출권 거래를 활성화시켜 두 가지 이익을 얻기 위해서이다. 하나는 탄소배출권에 의한 이익 발생이고, 다른 하나는 철강 생산 과정에서 다량의 온실가스 배출이 불가피한 입장에서 포스코가 탄소배출권을 최대한 확보하여야 하기 때문이다. 포스코는 당초 우루과이 대신 몽골에 대규모의 조림지를 건설할 계획이었으나 여건이 맞지 않아 중도 포기하고 우루과이를 택했다. 한국의 한솔홈데코도 뉴질랜드에 8,800ha 상당의 조림지를 확보하여 미래의 황금이 될 탄소배출권 사업에 착수했다.

● 독창적인 나노 코팅 촉매 기술

그러나 이산화탄소가 탄소배출권 사업에만 국한된 것은 아니다. 이를 그린테크로 승화시켜 그린머니로 변화시키는 기술적 성과도 함께 기대하는 일이 가능해졌다. 최근 한국화학연구원과 현대중공업이 공동개발에 성공한 '나노 코팅 촉매(觸媒) 기술'이 그것이다. 그린머니와 그린테크가 행복한 결혼식을 올리는 아웃사이드로서 나노 코팅 촉매는 그리 멀지 않는 역사를 지니고 있다.

지난 2006년 10월, 울산의 현대중공업산업연구소에서 민계식 부회장(현 회장)은 이곳 연구원들에게 뜻밖의 주문을 던졌다.

"이산화탄소(CO_2)로 새로운 물질을 만들 수 있는지 알아보라."

민 회장은 향후 이산화탄소 감축에 따른 탄소배출권의 활성화에 맞추어 '감축'이라는 소극적인 방법 대신 이 골칫덩어리 가스로 오히려 새로운 자원을 만들 방법을 찾으라고 한 것이다. 결국 현대중공업 연구원이 찾던 그린테크가 한국화학연구원에 있었다. 이곳 전기원 박사팀은 "이산화탄소로 메탄올을 만드는 것이 가능하다"는 대답을 얻어낼 수 있었다. 화학제품의 원료로 쓰이던 메탄올은 청정연료로 부상하고 있는 바이오디젤의 주성분이기도 하다.

이후 현대중공업과 한국화학연구원은 공동연구를 시작해 2010년 12월 이산화탄소를 이용해 하루 50kg의 메탄올을 만들어내는 소형 플랜트를 개발하기에 이르렀다. 올해는 하루 10톤의 메탄올을 생산할 수 있는 연구에 도전 중이다.

이산화탄소로 메탄올을 만드는 과정은 이렇다. 먼저 CO_2에 물과 메탄올을 섞어 촉매에 통과시키면 일산화탄소와 수소가 나온다. 이 두 물질인 일산화탄소와 수소를 다시 새로운 촉매에 넣어 합치면 메탄올(CH_2OH)이 된다. 이 신공법은 언뜻 쉬워 보이지만 이 과정에서 기술적으로 넘어야 할 산이 도사리고 있었다. 이를테면 이산화탄소의 변화 과정에서 탄소가루가 생기지 않도록 막아야 하는 일이 과제이자 난제였다. 탄소가루로 인해 기계장치의 배관을 막고 촉매를 부숴 버리는 일이 다반사로 이어졌다.

사실 이산화탄소로 다른 물질을 만드는 연구는 1990년대 초반부터 각국에서 진행되었지만 이 탄소가루 문제를 해결하지 못해 최근까지 연구에 큰 진전이 없었다. 그러나 해법은 나노기술에 있었다. 세라믹 위에 니켈과 마그네슘 등으로 만든 촉매물질을 덧씌우고 이

들을 10나노미터 크기로 잘게 부숴 균일하게 코팅했더니 탄소가루가 생기지 않는 촉매가 탄생되었다고 한다. 여기에 그치지 않고 두 연구진은 이산화탄소와 수소를 메탄올로 바꾸는 과정에서 부산물로 나오는 가스들을 재활용하는 기술도 개발하고 있다.

실제로 한국에서 필요한 메탄올은 약 170만 톤에 달하는데 만약 철강회사나 화학회사에 발생하는 이산화탄소를 모두 메탄올로 바꿀 경우 이를 충분히 충당할 수 있다. 그래서 나노 코팅 촉매 기술에 거는 기대는 남다르다. 문제는 생산비용에서 경쟁력을 확보하고, 국제 인증 관련 기관으로부터 표준규격을 얻어내는 일이다. 물론 이를 그린 비즈니스 모델로 업그레이드시켜서 전 세계로 기술을 파는 일까지 포함된다.

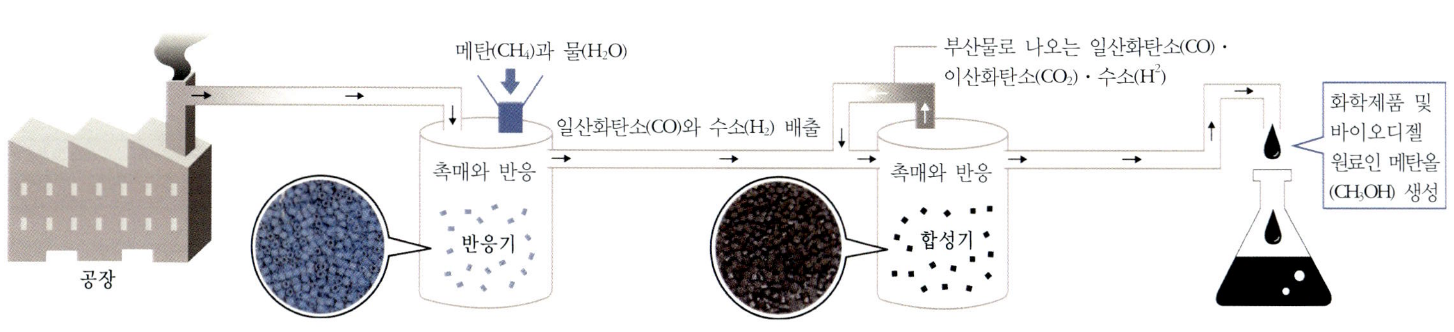

공장
메탄(CH₄)과 물(H₂O)
촉매와 반응
반응기
일산화탄소(CO)와 수소(H₂) 배출
부산물로 나오는 일산화탄소(CO) · 이산화탄소(CO₂) · 수소(H²)
촉매와 반응
합성기
화학제품 및 바이오디젤 원료인 메탄올(CH₃OH) 생성

2. 새롭게 주목을 받고 있는 한국형 자기부상열차

2011년 1월 아프리카 튀니지에서 시작된 '재스민 혁명'은 이제 이집트에서 18일 동안의 민주화운동에 의해 '코샤리 혁명'이 완수되면서부터 그 파장은 북아프리카 지중해 연안 4개국(모로코+튀니지+알제리+리비아)으로 확산되고 있다. 이름 하여 '마그레브'가 초미의 관심사로 떠오르게 되었다. 마그레브 소속 4개국은 석유와 사하라 사막, 지중해 등 천혜의 자연환경과 풍부한 천연자원에서 세계인의 주목을 받아 왔고 동시에 유럽의 공장지대로 각광을 받았던 지역이다. '마그레브'는 아랍어로 '해가 지는 땅'이라는 뜻으로 해석하고 있지만 그린테크로 더 주목을 받고 있다. 그린테크 관련 기업들이 속속 입주한 까닭이다.

그동안 이들 4개국은 유럽에 비해 임금이 싸고 물류비가 적게 든 이점에다 양질의 젊은 층 노동인구까지 갖추어서 에어버스 등 서방 기업들이 앞다투어 공장을 이전한 지역이었다. 특히 세계사가 증명하듯 이곳의 민주화운동은 산업화혁명으로 이어지고 다시 복지사회로 영글어갈 수밖에 없다.

아직은 속단하기 어렵지만 2022년 같은 아랍권에 속한 카타르의 도하에서 월드컵이 열리는 시점에 이르면 국민복지정책에 새로운 비즈니스 기회가 예상된다. 웰빙문화의 수혜자로서 마그레브는 오락과 여가를 동시에 즐기는 레저문화가 급속하게 진행될 것이다. 여기에 그린테크가 접목된 자기부상열차는 무역 1조 달러 시대를 여는 그린 코리아의 그린 비즈니스를 가시화시키게 된다.

- 한국 지자체의 너무나 많은 시행착오

2010년 8월 3일.

인천시 중구 운서동에서 자기부상열차 시범노선 기공식이 열렸다. 도시형 자기부상열차 실용화 사업의 하나로 건설되는 자기부상열차 시범노선은 총 3,500억 원의 사업비가 투입되어 2012년까지 인천공항에서 용무·무의관공단지에 이르는 6.1km 구간에 선로와 정거장 6곳, 그리고 차량기지 1곳이 건설된다. 이 기술은 한국기계연구원이 개발한 시스템으로 일본에 이어 한국이 두 번째로 상용화에 길을 열고 있다.

하지만 전국 지자체에서 시행하거나 시공 중인 경전철은 적잖은 비난과 예상 낭비의 비난을 받고 있다. 전국 지자체마다 도입하는 노선 방식과 차량 제작사가 각기 다르다. 예를 들면 용인은 캐나다산이고 의정부는 독일산이고 대구는 일본산이기 때문이다. 용인 경전철의 경우 선로유도전동기(LIM) 방식으로 캐나다 봄바르디어가 제작한 것이고 의정부는 고무차량방식이지만 차량 제작은 독일 지멘스에 맡겼다. 이처럼 지자체마다 각기 다른 방식의 경전철을 도입하면서 한국이 '경전철 전시장' 같다는 비난이 일고 있다.

전문가들은 지금처럼 노선마다 방식과 제작사가 제각각일 경우 호환성이 떨어져 고장이 났을 때 대처능력이 떨어지고 유지보수비가 증가해 예산낭비 초래가 예상된다고 밝혔다. 차량 부품도 제각각이기 때문에 급할 때 구하기 어려울 수 있고, 한국의 제작·부품산업에도 걸림돌로 작용할 수 있다.

하지만 인천공항 내 교통센터에서 무의관광단지까지 시범적으로 시행하고 있는 자기부상열차는 순수한 한국 기술에 의해 제작과 운영이 일체화되기 때문에 해외수주에서 가격경쟁력과 기술경쟁력에서 우위전략을 세울 수 있다. 걸프협력회의(GCC) 소속 6개국에서는 한국형 자기부상열차에 대한 관심과 도입을 긍정적으로 검토하기 시작했다.

중동지역 도시국가 아부다비는 물경 400억 달러를 투자해서 건설에 임한 캐피털 시티 조성을 통해 도심까지 이르는 30km 거리를 잇는 교통수단으로서 자기부상열차를 고려 중이다. 카타르 도하에서 향후 월드컵 운동장과 도하 시내에 이르는 교통편으로 자기부상열차에 대한 관심을 표명한 바 있다. 마그레브 4개국까지도 해외 관광객 유치전략 일환으로 자기부상열차에 대한 기대는 남다르다. 특히 마그레브를 찾는 해외 여행객에게 새로운 도시 이미지를 심어 주기 위한 다양한 형태의 정거장 시설 제시야말로 그린테크에 걸맞은 수준급 메리트가 될 수 있다.

남은 문제는 한국 지자체에서 검증 없이 무분별하게 추진하고 있는 경전철의 시행착오를 거울삼아 자기부상열차에는 이를 불식하고 통일된 운영 시스템과 열차 제작으로 그린머니가 되게끔 그린테크를 일체화시키는 일이다.

● 도시형 자기부상열차 원리

한국기계연구원 산하 도시형 자기부상열차 실용화사업단이 발표한 자료에 따르면 '도시형 자기부상열차'의 원리는 크게 두 가지로 정의할 수 있다. 하나는 부상원리이다. 부상전자석에 전원을 공급하여 자력을 발생하도록 하면 발생한 전자석에는 레일과 붙으려는 힘이 작용한다. 이 힘에 의해 차량이 부상하게 되는데 이때 갭(gap) 센서가 지속적으로 거리를 측정하여 운행을 돕는다. 다른 하나는 추진원리이다. 이 부상열차는 일반적인 회전모터가 아닌 이를 펼친 형태의 직선운동이 가능한 리니어모터(linear motor)를 사용한다. 차량의 리니어모터에 3상 교류전력을 공급하면 추진레일에 전자유도현상에 의해 전류가 유도되고 이때 발생하는 전자력의 힘으로 추진력이 발생하는 원리를 적용한다.

도시의 간판이 도시의 가구이듯이 수려한 지중해의 문화와 자연을 기반으로 한 마그레브 4개국과 아부다비, 그리고 카타르가 기대하는 도시형 자기부상열차의 수요는 기하급수적으로 많아지고 있다. 보는 것만 믿고 여기에 지갑을 여는 아랍 비즈니스 문화를 고려해서 이들을 초청하고 안내해 직접 인천공항 시범노선의 현황과 기술력을 보여 주면 된다.

앞에서 여러 차례 제시(또는 강조)하였듯이 그린머니를 위한 그린테크는 멀리 보거나 멀게 느끼지 않아도 된다. '등잔 밑이 어둡다'는 우리나라 속담을 곱씹어 보면 그 문제의식과 해답은 그리 멀리 있지 않을 터다. 우리 기술을 포장하고 미화해서 해외 시장의 입맛에 재가공하면 된다는 인식의 전환이 더 많이 필요할 것 같다.

102 정거장   랜드마크 도시형

103 정거장   고밀도 도시형

104 정거장   저밀도 도시형

3. 카제미와 컬렉티브하우스와의 행복한 결혼

그린테크로 그린머니를 만드는 일에서 석유가격은 시장변수로서
불확실성 내재까지 겸한다. 이게 변화인자가 되고 있다. 국제 석유
가격은 세계경제를 통해 직간접적으로 지대한 영향력을 행사해 왔
기 때문이다. 실제 국제유가가 저평가되었다면 신재생에너지에 대
한 관심은 차항에 부재이다. 그렇지만 지금처럼 고유가에 대한 걱정
과 고민이 깊어지면서 자동차 운행에 이르기까지 신경을 써야 하는
지금의 가게 운영(또는 경제 운영)을 볼 때 이 기름값은 곧 글로벌

녹색성장의 명분론과 함께 이를 슬기롭게 대처하는 데서 힘을 받고 있다. 마치 동전의 양면을 닮아 이를 합리적으로 운영하는 일에서 그 가치평가는 달라지기 마련이다. 그렇다면 이러한 합리적인 운영에 대한 여러 가지 실제사항으로 간주되는 키워드로 등장시킬 수 있는 소재는 단연 카제미와 컬렉티브하우스이다.

여기서 카제미는 2011년 최대 이슈로 등장하고 국제 기름값의 주역인 마수드 미르 카제미(Masoudv Mir Kazemi) 신임 석유수출국기구(OPEC)의 사무총장이다. 세계 석유의 35% 이상을 생산하고 있는 OPEC은 2008년 이래 산유량 쿼터를 늘리지 않고 있다. 최근의 유가는 2009년부터 올해 3월까지 20%나 올랐는데도 말이다. 두바이산 싱가포르 현물시장 가격은 1배럴당 95달러를 넘나들고 있다. 유가가 배럴당 100달러 수준을 돌파할 경우 회복하고 있는 세계경제에 찬물을 끼얹을 전망이 나오고 있는 배경을 보면 카제미에 주목할 수밖에 없다.

반면 국제 유가를 인식해서 여기에 대한 강력한 카드로 등장하고 있는 컬렉티브하우스(Collective House)는 주방과 거실 등을 공용으로 사용하는 유럽식 주택의 이름이다. 이웃 나라 일본에서는 노인과 젊은이 등 여러 세대가 교류하면서 이웃을 만들어 가는 세대교류형 주택으로 발전하고 있다. 고유가 진행에 앞서서 당할 수는 없다는 공동체 의식이 팽배해지면서 자국책으로서의 컬렉티브하우스의 인기는 갈수록 높아가고 있다.

석유 가격과 세대교류형 주택과의 관계설정에서 그들의 행복한 결혼을 통해 우리가 기대하는 것은 한국을 포함한 일본 등의 경제구조가 빠르게 변화하면서 주택시장도 지각변동을 일으키고 있다. 마치 고유가 진행에 따라 세계경제가 흔들리고 있음과 같은 비율의 파장과 지각변화이다. 따라서 1인 가구 증가와 고령화로 인해 소형주택의 인기가 치솟고, 저탄소 녹색성장에 발맞춘 그린 홈(green home) 개발 경쟁이 가열되고 있다. 그래서 우리는 카제미와 컬렉티브하우스의 결혼식을 기대하게 되었다.

● 고유가의 악몽

국제유가 흐름에 대해 한국석유공사는 최근 보고서를 통해 2011년 유가 전망을 매우 어렵게 보고 있다. 지난 2008년 7월 4일의 경우 140.70달러의 악몽은 없지만 OPEC의 감산정책이 계속적으로 이어진다면 1배럴당 100달러 내외 수준이 될 것으로 예단했다. 국제유가가 세계경제의 흐름에 따라 상승과 급락을 고루고루 진행한 사실을 감안하면 1배럴당 100달러 유지는 희망사항이다. 그래서 OPEC 신임 사무총장인 미르 카제미를 주목하는 것이 당연시된다.

다음 도표에서 보듯이 국제유가는 제1차 석유위기로 시작해 제2차 석유위기를 거쳐 2008년 미국발 금융위기 직전에 이르러 패닉 상태를 보였다. 골드만삭스는 '2년 내 국제유가 200달러'라고 예측 보도해서 우리의 가슴을 졸이게 했으나 세계경제의 회복이 더디게 진행되고 있고, 아프리카 시민혁명 여파로 한때 수에즈 운하의 파장을 걱정했지만 그런대로 굴러간 것을 보면, 1배럴당 국제유가는 100~110달러 선에서 오르락과 내리락의 반복이 예상된다.

모신 칸 전 IMF 중동담당 이사도 국제유가와 수에즈 운하의 관계를 이렇게 전망했다.

"세계가 하루에 소비하는 원유는 매일 8,800만 배럴 정도다. 수에즈 운하를 통해 배달되는 원유량은 하루 200~300만 배럴 수준이다. 운하가 봉쇄되더라도 다른 루트로 그 정도는 아주 신속하게 보충할 수 있다."

- 도쿄의 스가모 주택

일본 도쿄 도시마(豊島) 구 니시스가모 역에서 걸어서 6분 거리에 14층짜리 빌딩이 있다. 이 빌딩 2층에는 이른바 '컬렉티브하우스 스가모'라는 주택이 있다. 어린이부터 청·장년층과 노인까지 모여 사는 이른바 '세대교류형 주택'이다. 한때 구청이 건물을 빌려 어린이집으로 사용했지만 어린이가 줄면서 비어 있던 건물을 건물주와 '컬렉티브하우스'라는 시민단체가 힘을 합쳐 새로운 형태의 임대주택으로 탄생시켰다.

이 빌딩은 가족용 주택 세 가구와 원룸 여덟 가구로 구성된 독립된 주거공간을 갖고 있다. 입주자들은 한 달에 한 번씩 번갈아가며 공동식당에서 의무적으로 음식을 만들어 먹으면서 이웃끼리 정을 쌓는다. 이미 미국에서는 의료시설과 일반주택의 장점을 섞은 '의존형 주택(assisted living)'이 유행이다. 이처럼 세계인들은 고유가에 대한 대비로 주거환경을 바꾸어 가고 있다. 우선적으로 보안과 편의시설이 좋아서 인기가 많다.

그러나 자원빈국 한국은 고령자 중시의 단지 조성에 적극적인 점과는 매우 대조적이다. 이러한 주택정책을 펴는 당국의 의지도 없지 않겠지만, 가능하다면 고유가 시대를 슬기롭게 대처하고 동시에 노령인구에 대한 주거문화를 새롭게 정립하는 것이 필요할 수 있다.

문제는 카제미와 컬렉티브하우스와의 행복한 결혼식에서 기대하는 두 가지 이점을 살려내는 것이다. 이 결혼식에 울려 퍼질 웨딩마치는 아마도 해피엔딩으로 이어질 것이 예상되기 때문이다.

국제 유가 그래프

140.70
(2008년 7울 4일)
2007년 이후
급등
95.45
(2월 4일)
두바이유 가격추이
(단위: 배럴당 달러)
제2차 석유위기
42.25(1980년 11월 24일)
걸프전
제1차 석유위기
1986년 폭락기
1998년 폭락기
9·11테러
1969년
1975년
1980년
1985년
1990년
1995년
2000년
2005년
2008년
2009년
2010년
2011년
140
130
120
110
100
90
80
70
60
50
40
30
20
10
0
자료: 한국석유공사

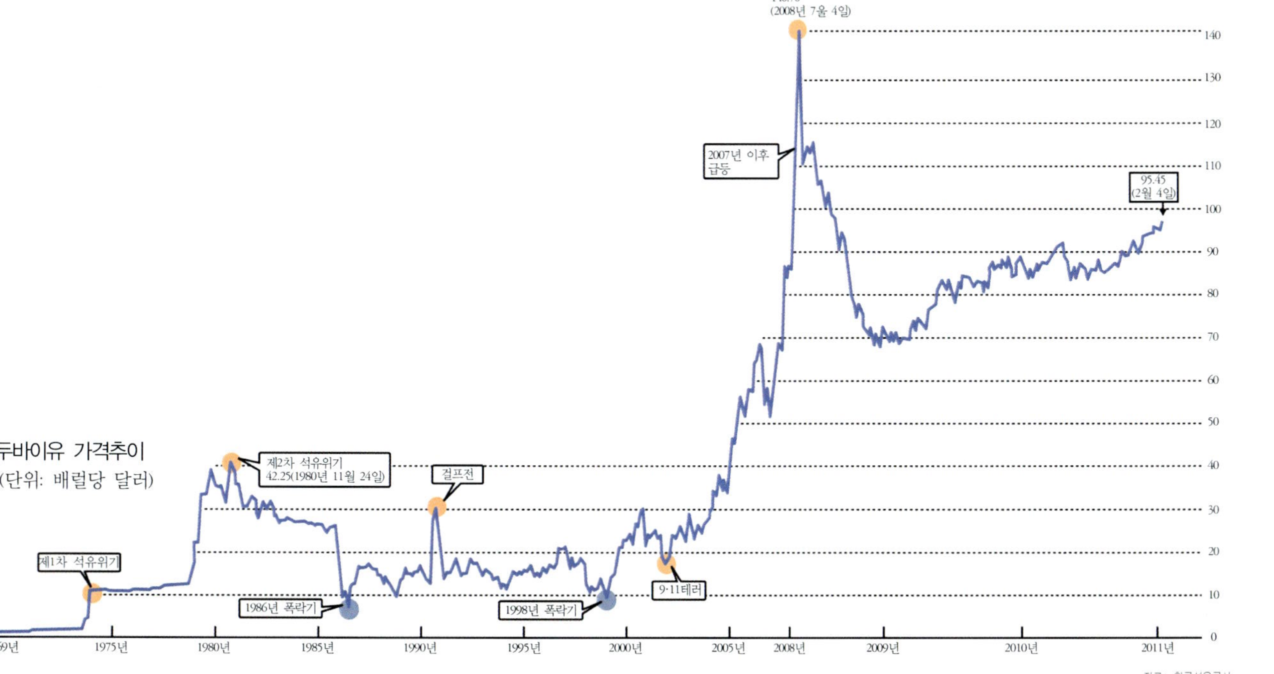

그린테크가 녹아 있는 그린사이드

1. 녹색미래를 그린머니로 만들고 있는 그린월드

그린의 진화는 끝이 없다. 있을 수도 없다. 인류의 꿈이 무한대라는 전제조건을 붙여야 겨우 마지막에 윤곽만 잡힌다.

우리가 사는 도시환경이 그렇고, 우리가 사는 주거환경이 스마트하게 진행되는 과정에서 그린월드(green world)는 에너지 제로와 에너지 보안이 가능한 생활환경을 이루면서 지금은 그린머니의 달러박스가 되고 있기 때문이다.

사람이 지나갈 때만 켜지는 야간 가로등을 비롯하여 음악을 선택해 들을 수 있는 벤치, 그리고 그 자리에서 물건을 살 수 있는 전자광고판 등에서 전자기술인 스마트테크(S-Teck)과 융합되면서부터 도시와 주거는 새 옷으로 갈아입기 시작했다.

교통·전력·방범(防犯) 등 도시의 기본 인프라가 스스로 작동하는 '똑똑한 기술도시'로 탈바꿈하고 있다. 이 스마트테크는 진화에 진화를 거듭해 태양열과 지열 등 친환경 에너지를 활용함으로써 온실가스

배출량도 크게 줄어드는 추세이다.

그린월드는 세계적인 대세로 굳어지면서 한국 정부는 발 벗고 나섰다. 국토해양부는 지난해 8월 국내 최초로 저(低)에너지 친환경 주택인 '그린홈 플러스'를 선보였다. 별도 난방과 냉방을 하지 않고도 실내온도를 겨울에는 22~23도를, 여름에는 27~28도를 유지한다는 게 기본 콘셉트이고 동시에 기본적 목표치다.

거실 천장에는 지하수를 활용한 지열 에어컨을 설치해 적절한 습도를 갖춘 자연풍이 흘러나오게 한다. 또 태양열발전을 통해 난방비는 일반 주택의 10% 정도로 줄일 수 있게 한다. 유럽과 미국, 일본 등 선진국은 우리보다 한발 앞서 있다. 냉난방 에너지를 거의 안 쓰는 이른바 '패시브 하우스(passive house)'가 거의 실용화 단계를 넘어 실행단계로 접어들었다.

독일 프랑크푸르트는 1995년부터 지금까지 1,000가구의 그린하우스를 공급하면서 세계 패시브 하우스 시장의 중심지로 부상했다. 일반주택보다 건축비가 10% 정도가 더 들지만 에너지 소비를 80%까지 줄일 수 있다고 발표했다. 영국에서는 태양광과 지열 등의 친환경 에너지를 활용하는 '액티브 하우스(active house)' 공급이 급증하고 있다. 그러나 완벽한 '에너지 제로 하우스'는 이들 두 가지 그린테크를 총망라해 적용해야 가능하다는 게 전문가들의 지적이다.

● 꿈의 주택을 실현하는 독일 패시브 하우스

올해로 꼭 16년 전인 1995년 9월 독일에서 '패시브 하우스' 개념이 처음 만들어질 때는 모두가 불가능하다고 했다. 건축 기술자들은 실현가능성이 전혀 없다고 손사래를 쳤다. 건설회사도 막대한 건축비용을 이유로 들어 냉대했다.

하지만 '상상'이 '현실'로 바뀌었다. 2010년 9월 독일 프랑크푸르트의 패시브 하우스는 1,000가구를 넘어섰다.

프랑크푸르트 에너지공사가 처음 패시브 하우스를 선보였던 갈바니 스트라세 街 인근의 1세대 패시브 하우스는 단열과 환기 시스템 때문에 일반주택보다 건축비용이 10% 정도 더 든다. 하지만 프랑크푸르트의 일반 가정의 연간 난방비가 1,200유로(약 180만 원) 정도인 걸 감안하면 대개 10년 안에 손익분기점을 넘길 수 있다.

처음 패시브 하우스의 출발은 '에너지 효율이 높은 주택을 지어보자'는 데서 시작했다. 벽체 두께가 30cm를 넘는 초고효율 단열 시공으로 집 밖으로 새어나가는 에너지를 잡았다. 특수 코팅된 3중창은 자연 채광을 극대화했다. 또 주택 지하에 환기 시스템을 설치해 계절별로 최적화한 온도의 공기를 실내에 공급하도록 했다. 한겨울 바깥 온도가 영하 5도일 경우 지하 환기 시스템을 거친 공기는 영상 18도 정도로 따뜻해져 실내로 들어간다.

여기까지가 패시브 하우스에 대한 프랑크푸르트 에너지의 기술력이라면 이를 보급하고 확대하는 데는 그린머니의 활용에서 그 빛이 드러났다.

도시인들이 패시브 하우스를 건축할 때는 은행에서 2% 이하의 낮은 금리로 5만 유로까지 대출해주는 금융혜택과 금융지원정책의 도입이 있었기에 1,000가구의 동참을 이끌었다는 점이다.

프랑크푸르트 하우스는 지금도 진화 중이다. 150가구로 지어지고 있는 스피엔호프 패시브 하우스는 '2세대'라 할 만하다. 알록달록 고운 색깔이 칠해진 저층 아파트인데 지하 환기 시스템을 중앙으로 집중화해 환기 파이프나 시설물이 밖으로 드러나지 않게 그린테크를 접목했기 때문이다.

겉으로 보면 일반 아파트와 별다른 차이 없이 거의 똑같다. 현재 진행 중인 3세대 패시브 하우스는 세대별 온도 조절을 좀 더 손쉽게

할 수 있도록 개선시키는 작업에 돌입하고 있다.

독일 하노버 등의 도시들과 다른 유럽지역 국가에서도 각자 기후 조건에 맞춘 패시브 하우스가 확산되고 있다. 머지않아 패시브 하우스는 유럽 신축주택의 표준 가운데 하나가 될 전망이다. EU(유럽연합)는 2010년 6월 오는 2020년부터 유럽의 모든 신축 건축물에 에너지 소비 '0'에 가깝도록 짓게 하는 내용의 '유럽 건물 에너지 효율 규정'을 발표했다. 건물의 에너지 효율을 극대화하는 것은 거스를 수 없는 대세가 되었다.

독일 프랑크푸르트는 패시브 하우스 등 에너지 효율 향상 그린 비즈니스를 바탕으로 향후 EU가 선정하는 '유럽 녹색 수도'가 될 꿈을 키워가고 있다.

● 그린테크의 산실 네덜란드의 태양의 도시

유럽 원예산업(園藝産業)의 중심지인 네덜란드의 7월은 태양이 높고 뜨겁기로 정평이 나 있다. 그래도 네덜란드 북부 헤이르휘호바르트(Heerhugowaard) 市의 계획 주거단지 '태양의 도시(Stad Van De Zon)'를 찾아가면 그 반대로 시원함에 낙원도시로 초대를 받은 느낌이 우선 든다.

헤이르휘호바르트의 '태양의 도시' 구상은 1990년대 초반이었다. 인도 출신 도시건설설계가인 아쇼크 발로트라(Bhalotra)가 도시 설계 마스터플랜을 세우면서 붙인 이름이 바로 태양의 도시이다. '태양의 도시' 집들은 일반주택 집들보다 30% 이상 에너지 효율이 높다. 집집마다 평균 5,000유로(약 730만 원) 정도 비용을 들여 태양광 발전판을 얹었다. 발전판들은 집 모양새나 도시 미관과 최대한 조화를 이루도록 다양한 모양을 하고 있다.

특히 태양의 도시에는 하수처리장이 없다. 도시의 하수와 크고 작은 운하의 물은 도시 동쪽에 조성한 공원의 거대한 습지로 흘러들게 만들었기에 가능했다. 주민들은 습지를 거쳐 나온 깨끗한 물에 거리낌 없이 뛰어들어 수영까지 한다. 단지 내 상가에는 폐열을 재활용하고 각종 전기제품의 에너지 효율을 높이는 방식으로 완성한 세계 최초의 100% 탄소 중립 슈퍼마켓까지 운영하고 있다.

이처럼 태양의 도시 지향점은 단순한 저탄소 녹색도시가 아닌 '그린의 사회 기획(green social planning)'에 가 닿아 있다.

우선 다섯 가지 특징은 전 세계 도시 설계자나 도시 계획 공무원에게 이미 벤치마킹 대상이 되어서 유명세를 더하고 있다.

하나, 단지 내 수변공간을 이용한 자연 온도 조절 능력의 극대화이다.

둘, 하수를 습지에 순환시켜 자연정화를 이루는 일이다.

셋, 승용차 진입할 수 없도록 중앙도로를 운영하는 철저한 그린월드의 모범 도시 지향이다.

넷, 보행자와 자전거 중심의 도로 구조를 통해 이산화탄소 제로 도시로의 평가를 받아낸 일이다.

마지막 다섯, 단지 내 어디서나 걸어서 접근 가능한 공공편의시설에 대한 배려와 이용의 철저함을 얻어낸 일 등이다.

이를 통해 네덜란드 '태양의 도시'는 네덜란드 고유의 공동체(共同體) 의식(意識)인 '와이 헤볼(Wij Gevoel—우리 의식)'을 완성시키고 동시에 단순한 교외 주거단지가 아니라 더불어 사는 저탄소 미래 도시의 모범을 제시하고 있다.

따라서 독일의 패시브 하우스와 네덜란드 태양의 도시는 생활환경을 통한 그린머니로서 우리 모두에게 한 수 가르치고 있다. 이게 바로 그린머니와 그린테크의 행복한 결혼이 얻어낸 그린월드의 산 증인이기 때문이다.

2. 그린테크의 결정판 싱가포르 마리나베이샌즈호텔

　도시의 트레이드마크는 곧 상징적 의미와 함께 그린테크의 결정체이다. 도시 발전을 지속 가능하게 보여주는 지표로서 파격적인 디자인과 친환경건물은 곧 그린테크의 꽃이 된다.

　지난해 6월 도시국가 싱가포르에는 새로운 도시 명물이 탄생했다. 카드 두 장이 기대어 서 있는 듯한 건물 3동과 지상 200m 높이에서 이들 3개 건물을 서로 연결하는 배 모양의 스카이파크가 올려진 55층짜리 마리나베이샌즈호텔이 그것이다.

● 해외에서 인정받은 쌍용건설 그린테크

　쌍용건설이 싱가포르에서 완공시킨 마리나베이샌즈호텔은 입(入)자 모양으로 구성되어 디자인에서 우선 탁월했다. 탁월한 디자인은 지면에서 최고 52도 기울러져 올라가는 건물을 짓는 최고 고난도 건축기술이 필요했다.

　입자 구조로 설계한 것은 싱가포르의 관문임을 상징하기 위해서다. 지상에서 최고 52도 기울러져 올라가는 동측(東側) 건물을 지상 70m에서 서측(西側) 건물과 연결한 후 55층까지 건설하는 방식으로 공사가 진행되었다.

　공사과정에서 경사진 구조물을 지탱시킨 구조물은 최소화하고 작업 공간을 확보하기 위해 교량건설이 쓰이는 공법까지 동원했다. 우선 600mm 두께의 내력벽을 설치하고 내부에서 와이어(강철선)를 묶어 건물의 기울어짐을 방지했다. 호텔 꼭대기에는 축구장 두 배 크기로 배를 엎어 놓은 모양의 스카이파크가 자리를 잡고 있다.

　수영장 3개와 전망대, 산책로와 레스토랑 등이 조성된 길이 343m, 폭 38m의 스카이파크는 프랑스 파리의 에펠탑 높이(320m)

보다 23m가 더 길다. 무게가 6만 톤이 넘는 대역사를 이룬 셈이다.

쌍용건설은 스카이파크 시공을 위해 길이 38~75m, 무게 200~ 700톤의 철골 구조물을 지상에서 조립해 200m 위로 끌어올리는 특수공법을 사용했다.

호텔의 경사구조 공법은 해외 건축기술 공법으로는 처음으로 적용한 그린테크로 평가를 받아냈다. 이를 통해 쌍용건설은 국토해양부 건설신기술에 지정되었다. 이에 따라 쌍용건설은 한국 관공서 발주 공사 입찰 때 기술점수를 부여받고 유사 프로젝트에 사용될 경우 기술료를 받을 수 있다.

하긴 쌍용건설은 싱가포르와 깊은 인연이 있다. 1980년 처음 싱가포르에 진출한 쌍용건설은 세계 최고층 호텔로 기네스북에 오르기도 했던 73층짜리 스위스호텔 더 스탬퍼드를 지었다. 이후 싱가포르의 상징인 래플즈시티를 시공했다. 1998년에는 세계적인 건설 전문지인 미국 ENR로부터 호텔 건설부문 세계 2위로 평가를 받아냈다.

이러한 그린테크의 실적에 의해 세계적으로도 보기 드문 1만 3,000실의 최고급 호텔과 8,000병상에 달하는 병원 시공 실적을 이룩했다.

● 그린미래에서 그린쌍용까지

쌍용건설은 2010년 경영 슬로건을 '새로운 그린 미래, 그린 쌍용'으로 정하고 미래 성장동력 발굴을 위해 친환경 그린테크 분야에 적극적으로 나서고 있다. 친환경 분야에서 큰 성과를 보인 쌍용건설은 '그린빌딩'을 공략하기 위해 세계적인 권위를 받고 있는 미국 LEED(Leadership in Energy & Environmental Design) 인증 획득을 추진 중이다.

이를 위해 쌍용건설은 그린빌딩 분야에 적용되는 최첨단 3차원(3D) 설계기법인 BIM(Building Information Modeling)을 자체 개발하여 응용에 매우 적극적이다. BIM이란 건설 전 과정의 정보를 디지털화해 관리하는 선진 설계기법의 하나로 디자인 차별화와 공사비 절감효과 등을 기대할 수 있다.

최적화된 BIM 설계는 건축물이 소비하는 에너지를 60%까지 절감할 수 있는 친환경기술에 속한다. 최근에는 한국 최초로 3차원(3D) 설계 기법인 BIM에서 더 나아가 시간과 공간 개념을 추가한 SD 기법까지 도입하고 있다.

● 그린테크가 묻어 있는 싱가포르 오션프런트 콘도미니엄

쌍용건설이 마리나베이샌즈호텔로 호텔 분야에서 상종가를 치고 있다면 주거환경에서는 오션프런트 콘도미니엄을 배제하기가 어렵다.

2010년 3월 입주가 시작된 오션프런트 콘도미니엄은 싱가포르 센토사 섬 해안 고급 주택단지에 들어선 콘도미니엄이다. 규모는 5개 동에 264가구로 세계적인 주거시설을 갖추고 있다.

이 콘도미니엄은 연평균 기온이 섭씨 32~33도에 이르는 싱가포르에서 별도 냉방시설을 가동하지 않고도 내부 온도를 25.5도 이하로 유지할 수 있는 그린테크의 결정판으로서 그린월드의 역사를 다시 썼다.

외부에는 특수 유리를 사용한 것을 비롯하여 태양열을 통한 공용시설 전력공급 등에 만전을 기하고 있다. 이를 통해 절감된 관리비는 연간 6억 원이다. 가구당 200만 원이 절약된 셈이다. 친환경 단지로 시공하기 위해 추가된 공시비가 34억 원임을 감안하면 6년 안에 모두 회수가 가능하다고 한다. 이 콘도미니엄 프로젝트는 2007년 주거건축에서 최초로 싱가포르건설청이 주관하는 'BCA 그린마크(Green Mark)'에서 최상위 등급인 플래티넘 등급을 받았다.

BCA 그린마크는 싱가포르 정부가 건축 관련 세계 최고 권위의 친

환경 인증을 목표로 2005년에 제정한 이래 현재는 중국과 인도 등 7개 국가에 수출 중인 제도이다. 미국의 리드(LEED)와 영국의 브리암(BREEAM)과 함께 싱가포르의 BCA 그린마크는 세계 3대 친환경 인증으로 꼽고 있다. 이들에 공통점은 에너지 자원 절감을 위한 설계는 물론이고 완공 이후 쾌적성까지 평가할 정도로 까다로운 기준을 가지고 있다.

이 제도를 도입한 총 7개 국가의 호텔 분야에서 쌍용건설이 시공한 마리나베이샌즈호텔은 플래티넘 인증을 처음 받았다. 파격적인 디자인에다 건축공학의 기술적 한계를 뛰어넘은 데 탁월했던 쌍용건설의 그린테크는 한마디로 그린월드의 결정판을 이루어 냈다.

3. 이제 그린테크는 쓰레기를 고체연료로 변신시키다

수도 서울에서 나온 각종 쓰레기는 대부분 인천시 서구 수도권 쓰레기 매립지에 모인다. 하루에도 엄청난 분량의 쓰레기가 쌓이기 마련이지만 산처럼 쌓아두는 것은 아니다. 그린테크에 의해 쓰레기 형태와 내용에 따라 분리되어 그린테크에 의해 변신의 과정을 거친다.

우선 불에 탈 수 있는 쓰레기는 고체연료로 변신하고 음식쓰레기는 바이오가스화한다. 특히 소각장에서 발생하는 열은 냉난방 에너지로 활용하고 쓰레기 매립지의 메탄가스는 전력생산에 쓰이고 있다.

이러한 쓰레기의 변신과 활용은 세계적인 추세이다. 그린사이드에서 필요로 하는 그린월드가 그린머니로 재탄생하는 일은 그만큼 세계의 그린테크에 의해 발전하고 있음을 가르치고 있다.

● 쓰레기매립 제로에 도전하는 독일과 이탈리아

독일은 1970년부터 일반 가정과 공장에서 배출하는 폐기물에서 에너지를 깨내는 정책을 펴왔다. 이런 쓰레기 활용 정책에 의해 독일 정부는 2005년 6월부터 처리 과정을 거치지 않은 채 곧바로 쓰레기를 매립하는 것을 금지시키고 있다.

쓰레기 속에 유용한 자원을 골라내 재활용한다. 재활용이 불가능한 폐기물은 에너지 자원으로 활용을 극대화하는 정책을 펴고 있다.

이를 통해 독일 정부는 2020년까지 쓰레기 매립 비율을 제로로 만들겠다는 정책을 이미 천명해두고 있다. 인천 서구에 소재한 수도권매립지와 같은 대단위 쓰레기 처리장을 없애는 것을 가능하게끔 정책으로 못을 박고 있다.

이 정책에 따라 독일 각 지역에는 가연성(可燃性) 쓰레기, 즉 불에 타는 쓰레기를 따로 골라내 고체연료(RDF: Refuse Derived Fuel)로 변화하는 시설을 의무화시키고 있다.

대표적인 것이 에니게를로 지역의 RDF 쓰레기 처리단지이다. 독일 서부에 위치한 에니게를로의 RDF 쓰레기 처리단지는 2002년부터 연간 16만 톤의 쓰레기를 처리하고 있다. 쓰레기 선별작업에서 골라낸 종이와 포일 같은 것은 RDF 생산시설로 옮겨 하루 480톤의 RDF를 생산한다.

여기서 생산되고 있는 고체연료(RDF)는 시멘트공장과 화력발전소에서 연료로 사용한다. 이 시설을 운영하는 처리업체는 RDF에 포함된 구리와 납 등의 중금속이 정부가 정한 기준을 초과하지 않도록 주기적으로 점검하고 있다.

이탈리아 밀라노 인근의 파로나 市에는 연간 20만 톤의 쓰레기로 11만 톤의 RDF를 생산하는 로멜리나 처리장이 있다.

여기서 나오는 RDF를 활용해 생산되는 전력은 연간 11만 5,000MWhd에 이른다. 한 달에 300kWh씩 사용하는 가구를 기준으로 3만 2,000가구가 1년 내내 사용할 수 있는 전력에 해당한다.

● 에너지 생산기지로 거듭난 인천 수도권매립지

수도권 쓰레기가 거의 모이는 인천 수도권매립지는 서울 여의도 면적의 여섯 배(19.8km2)에 이른다.

2009년 10월에 준공한 쓰레기 처리공장은 항상 분주하게 돌아간다. 트럭이 싣고 온 쓰레기를 기중기가 들어 올려 파쇄기로 보낸다.

각종 포장용 봉지는 찢기고 쓰레기는 잘게 부서진다. 부서진 쓰레기는 컨베이어 벨트를 따라 이동하면서 큰 것은 체로 걸러지고 가벼운 것은 송풍기 바람에 날려간다. 크기와 무게에 따라 그렇게 쓰레기는 분류되고 있다.

이런 과정을 거친 쓰레기는 쇠붙이처럼 타지 않는 것과 비닐이나 종이처럼 불에 타는 가연성 폐기물 등으로 분리된다.

가연성 폐기물은 다시 작게 쪼개져 작은 원통형 덩어리(지름 20mm에 길이 50mm)로 뭉쳐진다. 이것이 바로 쓰레기로 만든 고체연료의 다른 이름인 RDF에 실체이다.

인천시 자료에 따르면 수도권매립지관리공사는 수도권 쓰레기 매립지에 2017년까지 1조 5,106억 원을 투자해 '환경·에너지 종합 타운'을 조성 중이다. 이를 통해 세 가지 그린테크의 극대화에 기술과 자금을 쏟게 된다.

하나는 RDF 생산시설과 건설 폐기물 에너지화 시설 등이 들어설 폐자원 에너지 타운 조성이다.

둘은 태양광 발전 시설이 설치될 자연력 에너지 타운 건설이다.

마지막 셋은 포플러나무와 유채를 재배하는 바이오 에너지 타운 조성 등이다.

이러한 그린테크가 이용되면 쓰레기 매립장은 그린머니의 텃밭으로서 코리아의 이미지Up에다 청년일자리 창출과 같은 국가시책에 대한 보은으로 대접받게 될 수 있다.

● 환경부의 폐자원(廢資源) 에너지화 계획

환경부가 의욕적으로 추진하고 있는 '폐자원 에너지화 계획'은 수도권 매립지 이외에도 부산과 광주 등 전국 13곳에 환경·에너지 타운을 건설하는 계획안을 발표했다.

2013년까지 2조 1,680억 원을 투자해서 RDF 생산시설과 음식물 쓰레기에서 바이오가스를 얻는 생산시설 등을 설치한다.

환경부 최병권 폐자원에너지팀장은 "에너지의 97%를 수입하고 있는데도 지금까지 폐자원을 활용하는 정책은 걸음마 단계였다"면서 "한국은 폐기물 분리수거 체계가 잘 갖추어 있어 이를 에너지화할 수 있는 여건이 좋다"라고 말했다.

이러한 한국 정부의 폐기물 에너지화 정책은 앞에서 살펴본 독일과 이탈리아 사례에서 보듯이 출발은 늦었지만 잘 시행하고 성공적인 성과를 나오면 이를 매뉴얼화해서 개발도상국가에 기술을 전수하는 일에서도 그린테크와 그린머니의 행복한 결혼을 볼 수 있게 된다.

에너지 계획

에너지화 방안		인천 수도권 매립지	에너지 타운 (전국 13개)	개별시설	합계
불에 타는 쓰레기	고체연료(RDF) 제조	36만t	103만5000t	24만1000t	163만6000t
	건설폐기물의 연료화	13만t	-	-	13만t
음식쓰레기 가축분뇨 등	바이오가스화	26만4000t	40만9000t	37만2000t	104만5000t
	고형연료화	69만t	11만7000t	2만4000t	83만1000t
소각장에서 발생하는 열	냉·난방에너지 등 활용	-	-	41만1000Gcal (기가 칼로리)	41만1000Gcal
쓰레기 매립지의 메탄가스 활용	전력생산	-	712만8000m³	6130만1000m³	6849만9000m³
	정제 후 연료로 공급	1425만600m³	-	950만4000m³	2376만m³

4. 대통령이 칭찬한 그린시티 스웨덴 함마비

그린테크가 녹아 있는 도시는 지금 찾아볼 수 있는 곳도 있고 최첨단 그린테크로 새롭게 추진하는 곳도 있다.

이미 완공된 그린테크 시티는 불과 몇 년 사이에 역사의 유품으로 전락할 수 있다. 그러나 이들 도시 계획에 녹아든 철학은 앞으로 만들어질 그린시티를 이끌게 된다.

그린테크가 녹아 있는 도시로의 발전과 변신을 통해서 21세기형 그린시티의 전형을 이루게 됨을 의미한다.

우선 눈으로 확인할 수 있는 그린시티는 이미 오래전부터 준비해서 실시하고 있는 유럽에 자리를 잡은 도시들이고 미래 첨단 그린시티는 개발도상국가에서 활발하게 추진하고 있다는 점이다.

이게 바로 그린테크가 녹아 있는 그린사이드의 도시발전형의 모델이 된다.

● 대통령이 칭찬한 그린시티 스웨덴 함마비

일시는 2009년 7월 11일.

장소는 스웨덴 함마비.

이명박 대통령이 스웨덴 방문 시 직접 현지를 방문하여 입이 마르도록 칭찬한 그린시티가 바로 스웨덴 함마비이다.

그린시티로 유명세를 안고 있는 함마비는 현재 7,000가구에 인구는 1만 9,000명의 소도시이다. 함마비는 처음부터 녹색 일색은 아니었다.

이곳은 스웨덴 수도 스톡홀름 도심에서 남쪽으로 5km 떨어진 공장지대였다. 제조업이 쇠퇴하면서 산업적 기능을 상실했고 항구 선적작업과 공장지대에서 흘러나오는 유독물질로 오염이 이미 깊게

드리운 곳이었다.

그러나 스웨덴 정부가 스톡홀름의 베드타운으로 개발하는 과정에서 더욱 친환경에 집중할 수밖에 없었던 관계로 그린시티 조성에 눈을 돌리게 되었다.

함마비 그린시티 모델은 바이오가스 등 신재생에너지를 통한 에너지 순환 시스템에서부터 출발의 열쇠를 찾았다.

함마비는 대기오염을 줄이기 위해 차량 보유를 2세대당 1.5대로 제한하고 있다. 주차장도 2세대당 1대꼴이다. 각종 쓰레기는 수거장치를 이용해서 독일 에니게를로처럼 쓰레기 제로 정책을 이미 도입하고 있다.

또 출퇴근 때 대중교통 분담률은 80%에 달한다. 15%는 신재생에너지 교통수단을 이용하게 한다. 모든 건물은 이중 외벽으로 지어 에너지 손실까지 고려한 정책을 펴고 있다.

● 쓰레기 수거장치 보고 놀란 MB

함마비를 방문한 이명박 대통령은 이날 아파트 입구에 설치한 쓰레기 수거장치에 우유팩과 신문폐지 등을 집어넣었다.

검은 내장고와 비슷하게 생긴 쓰레기 수거장치 전면의 은색원통을 열고 쓰레기를 집어넣자 쓰레기가 '희리릭' 소리를 내며 바른 속도로 빨려 들어갔다.

진공청소기와 같은 원리로 쓰레기를 빨아들이는 속도는 시속 70km에 달한다. 이렇게 모인 쓰레기는 지하 파이프를 따라 중앙수집소에 모여 재처리되고 있다. 재처리할 때 생기는 열은 함마비 주택의 난방에 사용하고 있다.

함마비는 이 같은 가소성 쓰레기 처리와 하수를 깨끗하게 처리하는 과정에서 발생하는 열로 도시난방 중 70%를 해결하고 있다.

이명박 대통령은 "에너지를 생성하고 소비하는 것이 하나의 순환 구조에서 이루어지는 이 그린시티를 한국의 녹색성장 모델로 연구해 볼 가치가 있다"면서 "(이런 장치를 설치하는 게) 당장은 코스트가 높아 보일 수 있지만 장기적인 관점에서는 오히려 비용을 절감할 수 있는 미래형 그린시티 모델이 될 수 있다"라고 밝혔다.

이 대통령은 이날 숙소인 스톡홀름 그랜드호텔에서 함마비까지 가면서 에너지 효율이 높은 스웨덴의 전통 배 '리다르훼든호'를 타고 이동했다.

함마비 견학을 마친 이 대통령은 "한국이 IT 등은 높은 수준이지만 그린시티 개발은 이제 막 시작이다"라면서 "기존 도시 개선도 필요하지만 우리 신도시 설계도 이 같은 도시계획을 염두에 두고 검토해야 할 것이다"라고 평가했다.

또 "스웨덴의 수준 높은 기술이 우리에게 도움이 될 것이다. 우선적으로 스웨덴 기업과 연구소와의 협력체계가 이루어지게 함께 노력해야 한다"라고 강조하기도 했다.

이와 관련해 한국 정부는 2010년부터는 각종 건축물에 대한 온실가스 감축 목표치를 제시하고 이에 따른 에너지 효율 기준과 신재생에너지 사용 비율 등을 제시하게 되었다.

결국 그린테크가 녹아 있는 그린사이드의 백미는 독일과 이탈리아, 싱가포르와 스웨덴 등의 순례와 견학을 통해 적나라하게 드러났다.

그린월드가 진행되고 변화하는 과정에 따라 그린테크는 영글고 여기에서 우리 모두는 그린머니가 행복한 결혼이 되게끔 기술과 자본의 투자가 선행되어야 함을 알 수 있다.

Part 3.
Hopeful Green Korea

제3부는 글로벌 그림마켓의 섞어찌개이다. 그린머니로 그린테크를 만들어 내는 일과 그린테크로 그린머니를 얻어내는 복합된 장면들이 연이어 이어지기 때문이다. 그린머니와 그린테크가 분리될 수 없는 녹색성장산업의 생태적 발달사가 그렇게 만들고 있다.

이를 위해서는 세 가지 접근방법이 동원된다. 하나는 그린마켓에서 그린머니가 영글고 있는 세 곳에 대한 보고서를 통해 벤치마킹의 초대(招待)가 펼쳐진다. 첫 번째는 2009년 8월 이후 먼 나라였던 코끼리 인도가 CEPA에 의해 가까워지면서 이들 인도 기업들의 행보는 녹색성장산업에서 우리와 함께 동반자의 길을 걷고 있는 타타기업을 케이스스터디했다. 두 번째는 무인정찰기와 해수담수화산업에서 독보적인 기술을 갖추고 있는 이스라엘을 벤치마킹했다. 세 번째는 그린 코리아가 쌓았던 그린테크로서 글로벌 그린머니를 담아 올수 있는 시화호 조력발전소를 르포 형식을 빌려 안내했다. 다른 하나는 그린마켓에서 필요하고 응용될 수 있는 그린 비즈니스 모델(BM)을 만들어 내는 일에 집필의 초점을 맞추었다. 예를 들면 4m까지 자랄 수 있는 억새풀로 바이오산업을 아우르는 기술적 개가를 통해 인도 게놈 클러스터와의 협업을 제시했다.

이어서 그린 비즈니스 모델에 대한 지향점 구실에 합당한 일본 섬을 제시해서 한국에서도 이를 통용되게끔 안내했다. 끝으로는 천연가스를 수입해 사용하는 전근대적 사고에서 벗어나 설비 시설과 운영 노하우를 통해 이제는 그린 코리아답게 외국에 다시 파는 일을 제시했다.

또 다른 하나는 '당신의 이름은 그린 코리아입니다'에 대한 네 가지 제시어로 마무리했다. 우선적으로 삼성그룹의 그린테크 현주소를 화두로 삼아 그린 코리아의 미래상을 소개했다. 이어서 말만 무성하고 히트상품이 없는 녹색성장산업의 실(實)과 허(虛)를 고르게 분석하는 데 노력했다. 안티의 저변에서 우리의 각오가 남다를 때 비로소 그린 코리아가 우리의 이름이 됨을 여과 없이 수용했다. 마지막으로는 그린 코리아의 700리 길 한려수도에 위치한 외도(外島)를 통해 그린 코리아의 성장 계단을 제시했다. 모든 사물에서 우선순위에 따라 성과가 이루어짐을 외도는 한 수 가르치고 있어서다.

Chapter 1 글로벌 그린마켓에서 그린머니가 영그는 그곳

1. 12억 코끼리 인도 시장에서 타타그룹의 그린 사랑

2009년 8월에 있었던 한국-인도 사이에 체결된 CEPA를 통해 더욱 가까워진 나라가 바로 인도이다. 이머징마켓의 대표 주자인 인도의 발전과 미래는 이제 우리 가까이에 있다. 인도 기업과의 거래도 활발하게 진행되고 있다. 인도 기업 하면 최근 쌍용자동차를 인수한 마힌드라&마힌드라와 글로벌 아웃소싱 시대를 연 인포시스를 꼽게 된다.

아난드 마힌드라 마힌드라&마힌드라 부회장은 "쌍용차 인수하면 전용차로 체어맨을 탈 것이다"라고 밝혔고, 고팔라크 인포시스 CEO는 평소에도 "선진국은 노령화로 아웃소싱 일감이 늘기 마련이다"라고 제시한 장본인이다.

그러나 글로벌 그린마켓에서 한국과의 협력자 또는 동반자가 관계가 요구되는 인도 기업은 초저가 자동차인 '나노'의 메이커인 타타그룹이다.

● 2013년 나노 앞세워 한국시장 공략 발표

2009년 9월 인도 최대기업인 타타그룹의 라탄 타타 회장은 한국 방문길에 뜻 깊은 멘트를 밝혔다.

"초저가 자동차인 타타 '나노(Nano)'의 선진국형 모델을 만들어 2013년쯤 한국시장에 진출할 것이다."

여기에 그치지 말고 좀 더 들어 보자.

"지금 '나노'를 주문하면 2년 뒤에나 차를 인도받을 수 있을 정도로 수요가 폭발적이다. 공급이 달리다 보니 결국 제비뽑기(lucky draw)를 통해 나노를 배정할 수밖에 없다."

10만 루피아(약 250만 원)짜리 '나노'를 출시해 전 세계적으로 저가혁명 신호탄을 쏘아올린 타타그룹 라틴 회장은 최근 타타모터스의 친환경자동차 개발 현주소를 다시 이렇게 개진했다.

"이미 노르웨이에서 '인디카'(타타모터스의 소형차 브랜드로 나노의 바로 윗급 모델) 플러그인 전기차 모델을 마케팅 중이다."

최근 타타그룹은 녹색성장산업을 제2의 창업으로 보고 있다. 타타그룹이 발표한 자료에 따르면 뉴트리언트(nutrient) 분야에 관심이 많다. 마시는 물이나 쌀에 필요한 영양소나 비타민을 집어넣어 아이들이나 임산부들이 자연스럽게 필요한 비타민 등 영양분을 섭취해 면역체계를 강화할 수 있는 영양소 강화식품 사업의 진출을 모색 중이기 때문이다. 특히 타타그룹은 오래전부터 남아프리카공화국 국가 개발 파트너로 명성과 시장을 열고 있어서 벤치마킹 대상에 으뜸이 되고 있다.

● 남아共 개발에 타타그룹이 독점한 비결

저개발 국가를 공략하기 위해 완성품 제조업체나 건설사 등이 함께 진출하는 '패키지 딜'은 GE와 같은 초대형 기업만 가능한 일이 아니다. 최근 인도를 대표하는 기업인 타타그룹은 아프리카 불모지에서 중국이 성공시키지 못한 방법과 방식으로 패키지 딜을 성공적으로 이루어냈다. 이러한 성공이 있기까지 공들인 기간은 장장 17년. 그러니까 타타는 1994년 자동차산업을 필두로 남아공에 진출했다. 처음 진출할 때는 인도 정부의 지원을 등에 업고 남아공과 신뢰를 쌓는 데 주력했다. 이후 남아공에서 사회기반시설(SOC) 공사를 맡게 되었으며 최근에는 SOC 가운데 하나인 통신서비스를 외국 기업인 타타에 맡겼다. 그 덕분에 아프리카에서 타타는 건설 분야부터 자동차 완성품과 필요한 중간재 조달을 동시에 수행하는 '토털 솔루션' 업체로 인식되고 있다. 이를 통해 타타가 얻은 것은 원재료이다. 타타스틸은 150만 톤 규모의 고탄소 페로크롬 공장을 세울 수 있었다.

패키지 딜을 이용한 타타그룹의 남아공 성공방식은 남아공을 벗어나 아프리카 다른 나라로 확대되고 있다. 이미 잠비아에는 인프라스트럭처를 상당 수준 제공하며 원자재 확보에 성큼 다가갔다. '기업 대 국가'로 사업을 진행하는 과정에서 타타가 성공하기까지는 인도 정부의 지원에 힘입은 바가 크다. 결국 남아공이 국가기간산업인 발전과 통신까지 타타에 맡긴 것은 인도 정부와 남아공 정부 사이에 돈독한 신뢰가 있었기에 가능했다.

최근 한국 정부도 패키지 딜을 확대하고 있지만 아직은 걸음마 단계다. 단순히 사회기반시설을 건설하고 대금을 지원받는 수준이다.

● 먼 이웃으로 남아 있는 인도를 가까운 이웃으로 가는 길

인도는 2050년 미국과 중국에 이어 세계 3대 경제대국으로 부상이 확실시되고 있다. 우리가 지난 15~20년간 중국 덕택에 덜 배고프게 살 수 있었다면 앞으로 15~20년은 인도 덕택에 좀 배를 불릴 수 있을 전망이다. 그 대안이 바로 인도 기업과의 협업을 통해 녹색

성장을 키워서 함께 아프리카에 진출하는 일이다.

희망이 있는 그린 코리아의 미래를 위해서도 인도와의 협업과 동반자 관계 설정은 필요하다. 타타그룹이 인도 정부를 등에 업고 남아공에서 건설과 통신 서비스 패키지에 성공하는 일은 반면교사 이상의 의미가 있기 때문이다.

앞에서 소개한 4m 크기의 억새풀 재배를 통해 아프리카를 아우르는 것이 한 대안이 된다. 이어서 도시형 자기부상열차의 진출도 한국 정부의 힘보다는 타타그룹의 신용도에 기대한 쪽이 더 성공률을 높일 수 있다.

그린 사업은 시기 선택이 관건이다. 최근 라탄 타타 회장이 밝혔듯이 타타그룹은 바이오산업을 통한 녹색성장산업 진출을 선언했다. 이를 통해 인도와 함께 아프리카 진출에 대한 시장여건은 무르익고 있다. 따라서 한국 기업과 정부는 타타그룹에 대한 파트너십을 강화할 필요가 있다. 한국 정부가 미국과의 FTA에 들인 공의 10분의 1만 투자해도 한국-인도의 CEPA에서 얻어내는 이익과 시장 확대는 더 클 수 있다.

일개 그린 마케터에 불과한 필자조차 잘 알고 있는 이 사실을 한국 정부와 한국 기업들은 너무나 잘 알고 있을 것이다. 적절한 비유가 될 수 있을지 모르지만 중동지역 도시국가 아부다비에서 인도 기업의 건설 부문 참여는 괄목할 만하게 진행 중이다. 이 지역 건설기술자는 한국이 제1차 석유파동으로 이 시장을 떠날 당시 우리 기술자 밑에서 작업부에 불과했지만 30여 년이 흐른 지금에는 당당한 결재권자이자 고급 엔지니어로서 활동 중이다. 이들의 결재가 없으면 벽돌 한 장도 팔 수 없는 세상이 된 것이 현주소이다.

거듭 이야기하지만 최근 '시민혁명'의 완수로 아프리카 시장은 새로운 변화에 직면해 있다. 그린마켓에서 위기가 곧 기회이듯이 변화

속에는 새로운 시장이 열림을 의미한다. 30년 넘게 튀니지와 이집트의 위정자들 측근이 독점하던 시장에 틈새가 보일 수 있다. 이를 기회로 삼아 인도 기업과의 협업체계 구축은 진출카드에서 우선순위에 속한다.

남은 문제는 로드맵 설정이 아니라 실천력과 투자에서 협업의 힘이 생긴다는 점이다. 이들을 지렛대로 삼아야 한다. 그렇지 않으면 뒷전 신세를 면치 못할 수 있다. 이 대목에서는 전문가에 의견과 제안을 그대로 옮겨본다.

> "인도와 한국과의 관계에서 지금은 1억 달러를 들이면 될 것을 이 시기를 놓쳐 버리고 그냥 1~2년 지나가 버리면 20억 달러를 들여도 이루기 어려운 상황들이 많이 있다(2011년 1월 1일자 매일경제 '인도 경제' 참조)."

2. 생존무기 만들다 보니 그린테크의 산실이 된 이스라엘

우리가 매일 날씨에 관심을 갖는 것 이상으로 이스라엘 국민들은 갈릴리 호수 수위에 관심을 기울인다. 740만 이스라엘인이 살아가는 데 필요한 물 가운데 75%를 해저 221m에 위치한 갈릴리 호수에서 얻고 있다. 심각한 물 부족 국가인 이스라엘은 4~10월 건기에 비 한 방울 내리지 않고 연평균 강우량은 70mm에 불과하다.

이를 위해 이스라엘 정부는 세계적인 해수 담수화 기술을 갖추게끔 기술적 지원을 이어갔고 결국 성공했다. 그 결정체가 바로 이스라엘 수도 텔아비브 남쪽으로 15km에 있는 GES 담수화 플랜트다. 앞의 2장에 이야기한 그대로다.

그 후에도 이스라엘의 그린테크 도전은 멈추지 않았다. 1980년대에는 세계적인 자원부족을 예견하고 원자력발전에 주목하여 방사능 안전기술을 선점했다.

● 베터 플레이스가 제안한 그린테크의 혁신

우선 도움말로는 베터 플레이스는 전기차의 신개념을 제안한 회사다. 소비자에게 공짜로 전기자동차를 보급하는 대신 이동통신사처럼 이용료를 받는 것으로 출발하고 있다.

지난 2007년 유럽 최대 소프트웨어 업체인 SAP 2인자였던 샤히 애거시(Agassi)는 약관 40세로 전기자동차 관련 기업 베터 플레이스를 창업한다. 최근 베터 플레이스가 2011년 10월 출시할 전기자동차는 르노의 중형 세단 '라구나'의 변형 모델이다. 겉모양은 똑같지만 가솔린엔진과 변속기, 연료탱크 등이 빠지고 뒷좌석과 트렁크 사이에 무게 250kg에 달하는 대형 배터리를 장착했다. 이 전기차는 성능에서 가솔린차에 크게 뒤지지 않는다. 최고 속도는 140km/h 정도이지만 중요한 승차감은 탁월했다. 샤히 애거시가 창업한 베터 플레이스가 강조한 것은 독자적으로 개발한 배터리 충전방식이다.

베터 플레이스의 전기차용 배터리는 전기 코드에 꽂아 충전하는 기존 방식 외에 배터리를 통째로 새 배터리로 교체하는 방식도 선보였다. 이스라엘 전역에 설치할 배터리 충전소에 가서 차를 정차시키면 로봇이 다 쓴 배터리를 빼내고 새로운 배터리를 정착시키는 방식이다. 기존 충전식의 경우 배터리가 방전된 상태에서 완전하게 충전하기까지 약 3시간이 걸리지만 전자동으로 이뤄지는 배터리 교체는 2분 정도면 가능하다. 베터 플레이스가 개발에 성공한 이 시스템은 이스라엘 공군 폭격기에서 폭탄을 분리하는 데 사용하는 정밀한 기술을 적용하였다.

베터 플레이스는 르노가 이스라엘에 10만 대의 전기차를 출시할

2011년 10월에 맞춰 이스라엘 전역에 1,000여 개의 충전소와 10여 개의 배터리 교환소를 함께 구축하고 있다. 이 새 차의 특징은 배터리를 제외한 채 소비자에게 판매한다는 점이다. 이를테면 신차 출고 가격에서 배터리 값은 제외되고 배터리는 베터 플레이스가 전적으로 소유한다. 이 같은 방식은 값비싼 배터리 때문에 덩달아 비싸진 전기차 값을 낮추기 위해 샤히 애거시가 고안한 가격정책이다. 애거시는 전기차가 상용화되지 못한 주요 원인이 값비싼 배터리임을 간파하고 소비자가 배터리를 사는 대신 빌려서 휴대폰처럼 사용한 만큼만 요금을 내게 하는 제도로 전기차 상용화에 불을 댕긴 것이다.

● 애거시의 성공 비화

지난 2006년 12월 워싱턴에서 열린 미국과 이스라엘 지도자 모임에 참석한 애거시는 앨 고어 미국 부통령으로부터 그린테크 주제의 강연을 듣게 된다. 더 운 좋게도 이 모임에는 두 명의 대통령이 참석하고 있었다. 클린턴 전 미국 대통령과 6개월 뒤 이스라엘의 대통령이 될 시몬 페레스(Peres)와의 동석이 바로 그것이었다. 이 자리에서 애거시는 전기자동차의 미래를 설명하고 투자자금에 대한 조언도 듣게 된다. 결국 페레스 대통령의 조언과 협조를 얻어내 2억 달러에 달하는 투자자금까지 해결하게 된다. 그 연장선상에서 베터 플레이스 파트너로 르노-닛산 자동차를 끌어안아 지금과 같은 결과를 이루었다.

결론적으로 베터 플레이스 성공은 기존의 접근방식과 다른 가격정책(값비싼 배터리 제외)과 유통의 변화(휴대폰 개념에 따른 요금제도 실시)에 주목한 결과다. 동시에 이스라엘 정부의 대폭적인 전기차 충전소 설치와 배터리 교환소 증설에 힘입은 바가 크다고 볼 수 있다. 같은 의미로 그린 코리아가 크게 기대하고 있는 그린카 '블

루온'의 활성화를 위해서는 베타 플레이스의 특장점을 벤치마킹해서
미투(me too)해도 손해는 전혀 없을 것이다.

이스라엘과 한국의 친환경 에너지 전략 비교

	이스리엘	한국
석유 의존도 감축 계획	− 2006년 70.8% → 2020년 50%	− 2006년 43.6% → 2030년 33.0%
전기자동차 보급	− 3년 내 5만 대 보급계획 − 전기자동차 판매세 12% → 10%, 세제혜택부여(기솔린 자동차는 2009년부터 78% → 75%) − 배터리 교환소와 전기충전소 미터기 시스템화	− 하이브리드(전기모터＋휘발유엔진) 자동차 시범 보급(2008년 3390대 예정) ※ 상용화를 위한 신뢰성, 경제성 확보를 위해 연료전지 모니터링 실시 중
태양열 및 태양광 발전 설비 설치	− 네게브 사막지대에 설치 − 사업자 선정 위한 입찰 실시	− 공장 유휴 부지 활용하기 위해 공장 부지 안의 건축물에 태양광 발전 설비 설치 허용 − 기존 화력(원자력)발전소의 유휴 부지를 활용한 태양광 발전 설비 설치
태양광 발전 보급확대 프로젝트	− 주택·건물 소유자가 지붕에 태양광 발전 패널을 설치하면 생산되는 전력을 이스라엘 전력공사가 좋은 조건으로 구매 − 소규모 태양광 발전 시설 설치한 개인의 전기 판매 수익에 대한 소득세 면세	− 태양광 주택 10만 호 보급 사업(3kw 이하 설비에 대해 설치비 일부 무상지원) − 신재생에너지 이용설비 투자 금액의 10%를 소득세 또는 법인세에서 공제 − 신재생에너지 생산 및 이용기 자재 관세경감(50%)

자료: 지식경제부. 코트라

3. 환경과 에너지의 두 토끼를 잡는 시화호조력발전소

녹색성장의 의미에서 녹색은 환경을 대변하고 있고 성장은 에너지를 지향한다. 글로벌 그린마켓에서 '희망의 그린 코리아(Hopeful Green Korea)' 역사를 쓰고 있는 곳으로 시화호조력발전소만 한 곳을 찾기란 쉽지 않다. 그곳이야말로 그린테크가 영글고 있는 그린머니의 기대주로 떠오르고 있어서이다. 녹색성장을 국가적 어젠다로

삼은 이명박 정부로서는 원자력발전과 함께 조력발전소 건설은 대박 수준의 달러박스에 속한다.

특히 조수 간만의 차가 큰 곳은 지구상에서 황해와 영국해협, 그리고 아이시리 해(海)의 연안을 꼽고 있다. 드넓은 바다에서 조력발전을 통한 환경과 에너지를 함께 추구할 수 있다는 점이 매력이다. 실제로 그린 코리아의 미래를 열어가는 핵심 키워드는 그린테크를 통한 그린머니의 확보와 무관하지 않다.

● 조력발전(Tidal Power Generation) 원리

조력발전의 원리는 간단하다. 바닷물이 가장 높이 올라왔을 때 물을 가두었다가 물이 빠지는 힘을 이용해 발전기를 돌리는 것이다. 수력발전소와 같은 원리이지만 차이점은 수력발전의 낙차가 수십 미터인 데 비해 조력발전의 낙차는 보통 10m 이하라는 점이다. 따라서 수차발전기를 개발하는 것이 관건이 된다. 그러나 경제성을 따질 때 기존의 화력발전이나 원자력발전에 비해 떨어지고 있다. 그렇다고 해도 태양계가 존속하는 한 영원히 공급되는 무공해 에너지라는 점이 강점이 되기도 한다.

특히 프랑스 브르타뉴 지역의 랑스강 하구에 설치된 랑스조력발전소는 규모와 운영 면에서 톱이 되고 있다. 1967년 6월에 완공한 랑스조력발전소는 1만kW의 발전기 24대를 설치하여 연간 5억 4,400만kW의 전력을 발전하고 있다.

● 시화호조력발전소의 위용

한국수자원공사가 2004년 12월 발주하고 대우건설 컨소시엄이 시공하는 국내 최초 시화호조력발전소 건설은 여러 가지 의미부여가 가능하다. 오는 2011년 5월 완공을 목표로 현재 막바지 공사에

돌입하고 있지만 벌써부터 각종 언론매체는 이를 크게 보도하고 있다. 이를 종합해 보면 시화호조력발전소는 국내 최초의 조력발전소로서 환경을 살리고 에너지 확보에 이어 국내외 관광객 유치를 통해 관광명소로 자리매김할 것이 예상되고 있었다. 여기에다 향후 탄소거래제도가 활성화되면 탄소배출권을 외국에 팔 수 있는 거래의 장을 기대할 수 있다.

시화호조력발전소는 경기도 시흥시 오이도와 안산시 대부도를 잇는 길이 11.2km 시화 방조제 중간 지점에 해당한다. 애당초 시화호는 간척사업을 목표로 1994년 조성했지만 방조제의 갯벌이 썩어 들어가고 생태계가 파괴되면서 시화호는 '죽음의 호수'라는 별명을 얻었다. 국내외 환경단체 등 각계의 반발이 잇따르자 정부는 2002년 방조제 수문을 열고 담수호 시화호를 해수호로 바꾸었다. 이 과정에서 시화호 수질 개선과 국가 에너지 자립도 상승, 관광자원 개발을 목표로 지금과 같은 조력발전소 건립계획을 확정했다.

발전소 용지의 높이는 −10m이지만 공사를 위해 설치한 가물막이 덕분에 공사 인력들이 평지처럼 걸어 다니며 작업에 임했다. 그러나 지난해 10월 가물막이 공사가 제거되자 물이 차올라 지금은 발전소는 물속에 묻혀 있다. 총공사비 3,135억 원이 투자된 시화호조력발전소는 2만 5,400kW 규모의 발전기 10대를 돌려 밀물 때 최대 25만 4,000kW의 전기를 생산할 수 있다. 현재 세계 최대의 랑스발전소 생산량보다 1만 4,000kW 더 많다. 연간 생산량도 5억 5,270만 kW로 소양강댐의 약 1.56배에 이른다. 인구 50만 명 규모의 도시가 소비하는 양이다.

대우건설에 따르면 시화호조력발전소 하나로 연간 석유 86만 2,000배럴의 수입 대체효과와 31만 5,000톤의 이산화탄소 저감효과를 거둘 수 있다고 한다.

이 때문에 시화호조력발전소는 환경과 에너지라는 두 마리 토끼를 잡는 경제효과에 이어, 발전기술에 따른 글로벌 그린마켓에서 그린머니가 영글고 있음을 알 수 있다.

그린머니가 영글어가는 그린 비즈니스 모델(BM) 얻기

1. 인디언 축제에 어울리면서 얻어낸 삼성물산의 그린 비즈니스 모델

글로벌 그린마켓에서 기업적 측면의 최종 목표는 수익창출과 이를 통한 투자자와 조직원에게 '보은(報恩)의 장(場)'이어야 한다. 이게 바로 기업의 존재가치이자 기업에 거는 유일한 로망이다. 내가 이렇게 되풀이해 강조하는 이유는 세계경제에서 극심한 경쟁이 체질화되면서부터 수익창출이라고 하는 비즈니스 모델(BM) 얻기가 말처럼 쉽지 않다는 데 동의할 수밖에 없는 경제상황을 보고 느낀 소회가 많았기 때문이다. 실제 세계경제와 한국경제를 합해서 살펴보면 이는 더욱 자명하다. 멀리 거슬러 올라갈 필요조차 없다.

1990년대 말 IMF 외환위기를 시작으로 IT산업 버블 붕괴와 신용카드 사태, 그리고 2008년 9월의 미국발 글로벌 금융위기 등을 거치면서 몸소 겪었고 이를 극복하는 과정이 도움말 이상의 의미를 부여

하고 있다. 이러한 잣대로 보면 그린마켓에서 큰돈이 될 수 있는 비
즈니스 모델 얻기는 지상명령이나 다름없다. 그만큼 글로벌 그린마
켓의 시장상황이 녹록지 않기 때문이다.

　그렇다고 해도 그린마켓에는 틈새가 있고, 사업의 기회가 도사리
고 있다. 따라서 이번 장에서는 그린마켓에서의 그린 비즈니스 모델
을 얻어낸 기업과 아이템을 다양하게 소개하고자 한다.

● 세계 최대 캐나다 풍력·태양광 발전단지 조성
2010년 12월 2일.

　독일 지멘스의 전 세계 신재생에너지 사업을 총괄하는 레네 움라
우트 사장이 캐나다의 소도시 틸슨버그를 찾았다. 지멘스가 북미 풍
력시장을 겨냥해 이곳에 49에이커(약 6만 평)에 달하는 부지를 확보
하고 2,000만 달러를 투자해 짓는 블레이드(풍력 날개) 공장 착공식
에 참석하기 위해서이다. 한국의 풍력업체인 CS Wind도 캐나다 온
타리오 州 윈저 市에 타워 생산 공장을 짓기로 결정했다. 이 같은 투
자는 캐나다 풍력발전시장이 2009년 대비 40%가량 성장할 정도로
빠른 성장세를 보여 주고 있다는 배경 설명이 된다.

　하지만 2010년 1월 삼성물산 상사 부문이 캐나다 풍력시장을 겨
냥해 신재생에너지산업에서 종합상사의 새로운 역할을 보여 주고
있다는 점에서 그린 비즈니스 모델 얻기에 대한 관심을 증폭시키고
있다. 삼성물산은 캐나다 풍력시장을 통해 유전 지분 투자 위주의
자원개발 사업에서 한걸음 더 나아가 에너지조성단지사업을 주도하
는 새로운 형태, 이를테면 그린 비즈니스 모델 얻기에 새로운 장을
열고 있다. 삼성물산의 보도자료에 따르면 2016년까지 총 2,000MW
규모의 풍력단지와 500MW 규모의 태양광 발전단지 등 총 2,500MW
규모의 복합적 발전단지를 건설하기로 캐나다 온타리오 주정부와

계약을 마쳤다. 이 복합단지의 전기 생산 규모는 160만 가구가 사용할 수 있는 전기량이다.

계약 내용도 돈을 받고 시설을 지어주는 통상의 에너지 사업과는 전혀 다른 형태로 되어 있다. 우선 종합상사인 삼성물산 상사 부문은 에너지 관련 설비를 지을 조직이나 인력이 없다. 대신 삼성물산은 블레이드를 비롯하여 타워와 인버터 등 주요 설비를 현지에서 생산조달할 수 있도록 세계 유수 기업들의 공장을 유치한다. 반면 주정부는 삼성물산에 20년간 에너지단지 운영권을 보장해주는 것이다. 안정적인 전기 에너지 확보와 일자리 창출에 고민하는 현지 주정부의 고민을 간파하고 달려든 삼성물산 상사 부문의 제의(또는 사업제안)가 사업으로 연결된 것이다. 동시에 삼성물산이 그린 비즈니스 모델을 만들고 있음을 의미한다. 다시 정리하자면 이는 종합상사 삼성물산의 새 비즈니스 모델 개척으로 평가할 수 있다.

● 인디언 축제에 어울리며 따낸 할디만드 에너지복합단지

삼성물산과 한국전력이 60억 달러 규모의 에너지복합단지를 짓기로 한 캐나다 온타리오 시골마을 할디만드는 토론토에서 남쪽으로 100km 떨어진 곳에 위치하고 있다. 이곳의 평균 일사량은 $3.7kWh/m^3$로 풍부하다. 바람도 사시사철 부는 데다 토론토와의 접근성이 뛰어나다는 것도 장점이다.

그러나 삼성물산 관계자가 부지 선정에 나서면서 강하게 부딪친 문제점은 주정부와 원주민들이 땅의 소유권 문제로 소송을 벌이고 있다는 점이었다. 이들은 할디만드에서 부족장 집에 숙소를 정하고 함께 먹고 자고, 그리고 전통음악에 맞춰 춤까지 배웠다. 부족 민족 축제에 참가하기 위해서다. 이를 통해 윌리엄 촌장의 마음부터 사로잡는 계기를 마련한 셈이다. 그에게서 들었다는 멘트가 지금까지 회

자되고 있다.

"다른 기업들은 이곳에 찾아와 '할래, 안 할래'부터 물었다. 하지만 삼성물산 친구들은 우리와 어울리며 친구가 되었다. 그래서 자연을 사랑하고 우리 부족을 위해 풍력과 태양광발전단지를 짓고 일자리를 만들어 준다고 약속해 발전단지 구축 사업에 동의했다."

이런 언저리에는 온타리오 주정부의 그린에너지에 대한 관심도 한몫을 거들었다. 이 일대 난티코크 지역에는 1978년 완공한 화력발전소가 있지만 2014년 폐쇄 결정이 났다. 대신 할디만드 에너지복합단지에서 생산될 전기로 이를 대체하는 일이 고려되고 있다. 이래저래 글로벌 그린마켓에 부는 그린머니는 바다를 건너고 대륙을 넘어 전방위로 이루어지고 있다. 이것도 그린 비즈니스 모델을 얻어서 말이다.

할디만드 사진

2. 스몰 그린 비즈니스 모델이 되고 있는 영국과 일본의 사례

앞의 삼성물산과 한국전력공사가 함께 벌인 할디만드 에너지 복합단지 건설이 빅 그린 비즈니스라면 스몰 그린 비즈니스도 있다. 이 스몰 그린 비즈니스에 대한 설명을 위해서는 한국이 아닌 2012년 런던올림픽이 열리는 영국과 이웃나라 일본의 사례를 들어 보고자 한다.

● 버려진 공장터가 생태호수 품은 재생마을로

오는 2012년에는 지구촌 65억 인구의 축제인 런던올림픽이 열린다. 이런 런던에서 스몰 그린 비즈니스 모델을 얻을 수 있다.

버려진 공장터를 이용해 생태호수를 품으면서 재생마을로 거듭난 지역이기 때문에 더 정다울 수 있다. 영국 수도 런던의 동남쪽 노스 그리니치 지하철역에서 지근의 거리에 그리니치 밀레니엄 빌리지가 있다. 측면이 파랑과 빨강, 주황과 초록으로 칠한 발코니와 노란색 외벽은 안개가 없을 때에도 흐릿하게 느껴지는 무채색 런던 도심과 대조적이다. 알록달록 채색된 건물들은 단지 한복판 호수공원과 어우러져 한 폭의 서양화를 보는 착각이 인다. 네 개 단지로 구성된 퍼블릭 하우징의 면적은 29만 1,378m²로 서울 송파구 방이동 올림픽공원의 5분의 1 크기이다. 1999년 착공해 2005년 1,377가구로 1차 완공했으며 2012년까지 2,950가구로 늘릴 계획이다.

우선 편리하고 쾌적해 보이지만 얼핏 특별한 것은 없어 보이기도 한다. 하지만 이곳에는 런던 시 당국이 10년이 넘게 심혈을 기울이고 있는 도시재생프로젝트의 핵심요소가 알알이 녹아 있다. 그리니치 밀레니엄 빌리지가 도시 재개발(redevelopment)이 아닌 재생(regeneration) 프로젝트라는 사실은 그 입지에서도 확인할 수 있다. 이곳에는 100년 가까이 가스공장이 서 있었다. 1985년 공장이 폐쇄된 뒤에도 건축폐기물로 뒤덮인 채 방치된 곳이다. 이런 곳에 런던 시 당국과 공기업이 협력해 구성한 부동산개발업체 '잉글리시 파트너십'이 인접 금융가 카나리워프의 연계 주거지로서 퍼블릭 하우징 개발계획을 구성했다.

주거 동 높이는 6~10층으로 낮은 편에 속한다. 여러 개의 광장을 중심으로 이곳저곳 둘러앉은 듯 배치해 시골마을처럼 편안한 마음을 준다. 단지 중앙에 설치한 풍력발전기는 물을 공급하는 펌프의 전력으로 사용하고 있다. 개발 주거에는 태양광 집열판을 설치해 에너지 소비까지 줄이고 있다.

1998년 설계공모에서 당선된 스웨덴 건축가 랠프 어스킨은 심혈을 기울여 친환경적인 고급주택단지를 설계했다. 하지만 어스킨은 1차 완공을 눈앞에 둔 2008년 3월 91세를 일기로 생을 마감했다. 그리니치 밀레니엄 빌리지 입구에 세워진 현판에 쓰인 글은 그가 이 프로젝트에 바친 의지를 그대로 전하고 있었다. 바로 이 글에서 스몰 그린 비즈니스 모델 얻기에 단초를 얻을 수 있다.

> "이것은 내 삶의 궁극적인 도전이다. 살아오면서 쌓아 온 모든 경험을 쏟아 붓는 노력이 필요했다. 몇 년 전 이 땅에는 아무것도 없었다. 지금 이곳에는 최고의 병원과 학교, 생태공원까지 갖추어졌다. 텅 빈 백지 같았던 땅에 지금은 삶이 숨을 쉬고 있다."

● 일본 나오시마(直島)의 대변신

서울 여의도 면적과 엇비슷한 8km²에 인구는 3,600명의 나오시마(直島)는 일본 중남부 해안의 세토나이카이 해상국립공원에 자리를 잡은 작은 섬이다. 젊은 층은 도시로 떠나고 노인들만 남은 흔한 시골마을 중 하나일 뿐이다. 하지만 지금 이 섬에는 해마다 전 세계에서 30만 명의 관광객들이 모여들고 있다. 여행전문지『트래블러』가 선정한 '죽기 전에 가 보고 싶은 7대 명소'로도 뽑혔다.

한적한 나오시마가 이렇게 각광을 받기까지는 한 기업인의 노력이 숨어 있다. 일본의 출판기업인 베네세 그룹의 후쿠다케 소이치로 회장이다. 세상을 바꾸는 예술의 힘을 믿었던 그는 1989년부터 섬 전체를 지구상에서 유일한 예술작품으로 만드는 '나오시마 프로젝트'에 첫발을 내딛는다. 꿈이 현실로 가는 길목에서 세계적인 건축가 안도 다다오가 설계한 베네세 하우스와 지추미술관이 생겨나고 섬 곳곳에 현대미술계 거장들의 작품이 들어섰다. 한마디로 섬 마을의 자연과 예술이 경계를 허물며 매혹적인 융합을 이루어냈다.

● 자연과 예술, 그리고 전통과 소통을 아우르는 그린 월드

지추미술관에는 브루스 나우먼의 네온설치작품 '100 live and Die'을 비롯하여 앤디 워홀 같은 거장의 작품이 즐비하다. 특히 빈 집을 복원해 현대미술작품으로 변신시킨 '아트 하우스 프로젝트'는 옛것과 오늘의 만남을 통해 일본 전통과 미학을 과시하고 있다. 결국 세상 어디서도 보기 힘든 곳에서 현대예술을 만날 수 있는 나오시마야말로 그린 월드의 진면목을 보여 주고 있다. 그것도 충분히 말이다.

이렇게 외딴 섬에 새 생명을 선사한 자연재생프로젝트는 기업가적인 사고와 노력이 얼마나 사회에 도움을 줄 수 있는지를 간접적으로 증명해 주고 있다. 결국 영국 그리니치 밀레니엄 빌리지와 나오시마 섬의 뒤에는 그린 월드만이 가져올 수 있는 재생의 본말답게 건축가 랠프 어스킨과 일본 기업인 후쿠다케 소이치로의 자연사랑을 통해서만 가능한 업적인 것이다.

　이렇듯 우리가 살고 있고, 또 살아야 하고, 또한 후대에 물려줄 수 있는 살아 있는 공간이 필요하다. 어디 이 지구상에 재생의 의미가 필요한 곳이 런던과 나오시마뿐일까? 여기에서 다시 스몰 비즈니스 모델 얻기를 주문하는 것은 좀 뭣하다고 자인하지만 이게 곧 글로벌 그린 그로스 머니의 중심이니 어쩔 수 없다.

3. 우리를 북극이 부른다

석유: 1,600억 배럴

천연가스: 44조m³

　위의 통계수치는 최근 미국지질조사국(USGS)이 발표한 북극의 매장자원 현황이다. 자원빈국 코리언에게 시샘과 비상을 동시에 안겨 준다. 여기서 시샘은 부러움의 다른 표현이고, 비상은 이 통계수치에 대해서는 그린테크로 도약할 수밖에 없다는 것을 말한다.

북극권의 석유 매장량이 지금까지 알려진 양의 2배에 이를 수 있다는 연구발표가 나왔다. 지금까지 USGS는 약 900억 배럴의 석유가 매장되어 있는 것으로 추정해 왔다. 또 연구팀은 북극권의 천연가스 매장량도 44조m³에 달해 북극권이 이제는 빙토가 아닌 자연의 보고로서 세계 최대의 보물단지로 떠오르고 있다. 북극권의 석유·천연가스 추정 매장량이 새로 규정됨에 따라 러시아와 미국, 캐나다와 덴마크, 그리고 노르웨이 등 북극 인접국들의 자원개발 움직임도 발 빠르게 진행되고 있다.

● 4,261m 북극 심해에 러시아 국기가 꽂히고

지금 북극해는 총성 없는 자원전쟁터가 되고 있다. 로마노소프 해령(海嶺)을 두고 북극권 인접 5개국의 영유권 다툼이 가시화되고 있고, 바렌츠 海 스발바르 제도의 수산광물자원을 두고 러시아와 노르웨이가 분쟁 중이다. 미국과 캐나다는 보퍼트 海 유전을 두고, 캐나다와 덴마크는 나레스 해협에 있는 한스 섬의 영유권을 두고 한판 승부 중이다. 이유는 같다. 부존자원의 선점을 위한 에너지 싸움이 주된 원인이다.

북극의 빙하 면적은 지구온난화 때문에 1972년 700만km²에서 2005년 410만km²로 크게 감소했지만 그만큼 해저자원 개발은 쉬워졌다. 더 주목된 점은 북극권 매장 석유와 천연가스의 상당량이 러시아 영토 내륙과 러시아에서 북극 쪽으로 뻗어나간 바다에 걸쳐 있다는 사실이다. 러시아 관영 리아노보스티통신은 "북극권 미발견 천연가스 39%가 우랄산맥 위쪽 카라 海에, 약 20%는 서북단 콜라반도 위의 바렌츠 海에 매장되어 있다"고 전했다. 2008년 8월 해저 4,261m의 북극점에 러시아는 자국 국기를 꽂음으로써 대외에 자국

영토임을 과시했다. 물론 석유와 천연가스 개발을 지원하기 위해 연방보안국(FSB) 소속 국경수비대를 북극권에 파견했고, 올해는 세계 최초의 해상(海上) 원자력발전소를 바렌츠 海에 건설하여 자원 채굴 시 필요한 전력을 공급한다고 밝혔다.

● 러시아 북극권 전초기지 야말네네츠 자치구 나딤

러시아 수도 모스크바에서 북쪽으로 2,500km 떨어진 야말네네츠 자치구 나딤은 북극권 개발 현장으로 변신 중이다. 북극권 툰드라에 보잘것없어 보였던 나딤은 '불의 공화국'으로 변했다. 그리고 마치 문명의 중심지처럼 호령하기 시작했다. 러시아의 입장에서 보면 북극해 개발의 전초기지이고 동시에 주변국에는 자원전쟁의 초입에 해당한다.

● 북극권 vs. 북극해

통상 우리가 알고 있는 북극권은 북위 66도33분 이북을 일컫는다. 보통 영하 40도 이하의 툰드라 지역이다. 그동안은 에너지 개발과는 거리가 멀어도 한참 멀었다.

반면 대륙이 없는 북극해는 영토 확정이 되지 않아서 선점을 위한 경쟁이 치열하다. 1982년 제정된 유엔 해양법은 북극해에 대한 개별 국가의 주권을 인정하지 않고 있다. 대신 북극해 연안 5개국의 200해리(370km) 경제수역만을 인정하고 있다. 흡사 제국주의 시대처럼 영토전쟁이 벌어지게 될 수 있다.

이처럼 북극해 쟁탈전을 야기한 주요 원인은 급속한 지구온난화 현상이다. 또 에너지 시추 관련 첨단기술이 발달하면서 에너지 개발 권역이 북상하고 있다. 세계 곳곳이 가뭄과 홍수 등 자연재해에 시달리고 있는 반면 북극권 지역은 오히려 개발이 쉬워지고 있어서 우리를 부르는 북극권의 외침이 더욱 정다워지고 있다.

북극권 개발이 시작되면서 글로벌 그린마켓은 상대적으로 넓어지고 동시에 그린머니가 생기는 확률이 높아질 것으로 예상된다. 좀 과장하자면 그린 코리아에게는 해외플랜트산업을 통해 중동지역에 이어서 새로운 그린마켓이 북극해에 개설됨을 의미하기 때문이다.

북극해

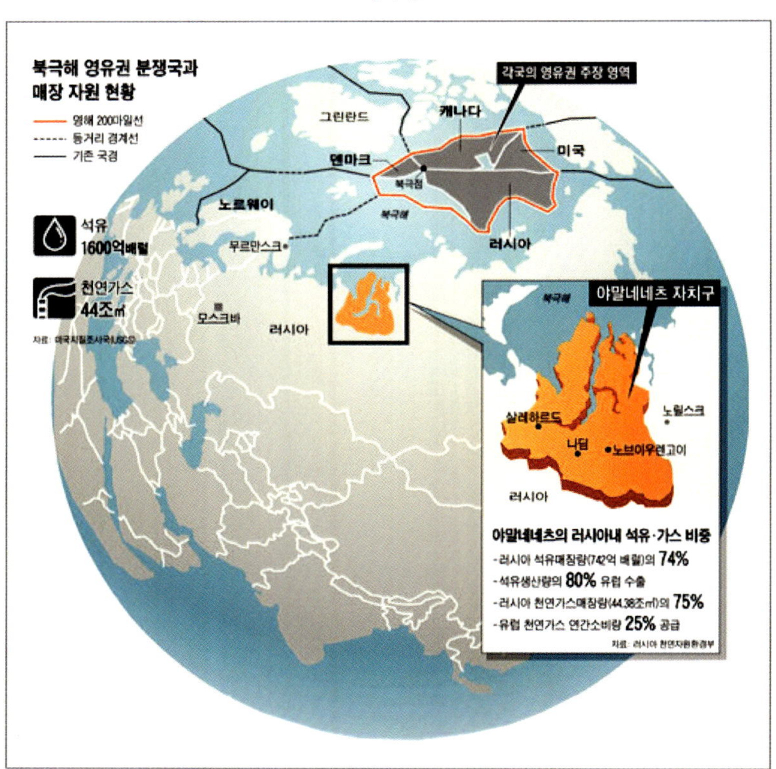

Chapter 3

당신의 이름은 그린 코리아입니다

1. 자연습지의 재발견

　그린 코리아의 이름표를 달기 위해서는 두 가지 전제조건이 붙는다. 친환경적이어야 하고 동시에 경제성이 확보되어야 한다. 이에 대해 자연습지(自然濕地)가 우리에게 한 수 가르치고 있다. 자연습지는 지구온난화 방지와 기후변화 대응, 그리고 이산화탄소 감축 등 세 가지 측면을 고르게 충족시키고 있기 때문이다. 글로벌 그린마켓에서 자연습지는 곧 그린머니가 가능함을 보여주는 선언적 메시지로 인지되고 있다. 그래서 자연습지에 대한 수식어는 많고 많다. 예를 들면 '생태계의 콩팥'으로 시작해 '생태계의 백화점'과 '생태계의 정거장'으로 지칭되고 다시 '생태계의 공기정화기'와 '생태계의 녹색공장' 등으로 확대되고 있다. 이 다섯 가지 수식어가 주는 메시지처럼 자연습지는 이산화탄소를 잡고 에너지를 만들고 관광명소로서 자리매김을 시키는 마력을 지닌다. 이를 우리는 '자연습지의 재발견'이라고 부르는 데 일말의 주저가 없다.

- 세계적인 자연습지의 복원

미국 캘리포니아 州 로스앤젤레스에서 서남쪽으로 60km 떨어진 헌팅턴비치는 여름철마다 해수욕을 즐기는 인파로 북적인다. 비치로 통하는 편도 2차선 도로에는 휴가를 즐기러 온 캠핑카들이 꼬리에 꼬리를 문다. 이와 대조적으로 도로 건너편은 너무나 한산했다. 비치에서 불과 100m 안팎에 떨어지지 않는 곳인데도 말이다. 바로 이곳에 세계적인 자연습지로 이름난 '볼사치카 생태 보전지역(Bolsa Chica Ecological Reserve)'이 자리를 잡고 있다. 이곳에서는 사람이 아니라 철새들이 한가롭게 '피서'를 즐기고 있다.

볼사치카 습지는 1899년 오리사냥클럽이 오리를 많이 잡기 위해 바다로 통하는 길목을 둑으로 막으면서 원래 모습을 잃기 시작했다. 여기다가 1920년부터는 석유회사들이 습지를 사들여 대규모 유전을 개발하면서 생태계의 파괴가 극에 달했다. 그러나 환경단체가 주최가 되어 볼사치카 습지가 제 모습을 찾은 것은 2006년이다. 2004년 복원공사가 시작된 지 3년 만에 습지 전체 면적 6.5km² 가운데 3분의 1가량인 2.4km²가 복원되었다.

가장 큰 변화는 둑을 허물어 예전처럼 바닷물이 드나드는 습지가 되었다는 점이다. 헌팅턴비치의 바닷물이 볼사치카 습지 깊숙이 들어온다. 이를 위해 습지복원비용으로 1억 4,800만 달러(1,700억 원)가 들었다.

복원 뒤에도 가장 큰 적은 인간이다. 이곳을 찾는 사람들의 영향을 최소화하기 위해 습지 곳곳에 안내판이 붙어 있다.

'이곳의 주인은 철새입니다. 당신은 이를 위해 정해진 길만 다니세요.'

● 녹색 정원도시 순천(順天)

2010년 2월 3일.

청와대에서 열린 제1회 생생도시 평가에서 자연습지 조성으로 순천시는 종합 1위를 차지했다. 순천만의 효율적 보전과 지속가능한 이용 등은 그린 코리아의 '저탄소 녹색성장' 모델에 가장 적합한 지자체라는 평가를 받아냈다. 이명박 대통령은 순천만 자연습지를 헬기로 두 번이나 둘러보았다. 평가 시상식에 오른 노관규 순천시장은 "21세기 도시는 생태와 문화의 두 축으로 경쟁력을 반드시 갖추어야 한다"고 강조했다. 그는 방치되었던 순천만을 그린 코리아를 대표하는 관광 브랜드로 일궈내서 생태관광의 새로운 전범(典範)을 제시했다. 이제 순천만 자연습지에는 연간 300만 명의 국내와 해외 관광객이 몰려들고 있어 자연습지 재발견의 그린 코리아 역사를 쓰고 있다.

순천만은 예전에도 그곳에 있었다. 하지만 '지역의 재발견'을 통해 인구 27만 순천은 지역발전에 활력을 얻고 있다. 자연습지 하나로……. 앞에서 소개한 헌팅턴비치가 세계적인 자연습지 복원의 역사로 유명세를 얻고 있듯이 말이다.

유사 이래 가장 많은 관광객들이 찾아들고 있다는 순천은 사람들이 북적이면서 도시가 꿈틀거리고 있다. 순천만을 자원으로 삼아 생태환경의 보전과 관광, 그리고 지역활성화를 동시에 이루고 있다. 그곳에서 오는 2013년 4~10월까지 '정원박람회'가 열릴 예정이다.

● 정원박람회 스케치

순천시가 야심차게 추진하고 있는 정원박람회는 세계 각국의 다양한 정원을 모아 놓고 미래 전원의 모습을 제시하고 동시에 조경과 화훼산업의 발전을 꾀하는 축제의 장이다.

이 박람회의 시초는 1925년 프랑스 파리에서 열린 국제산업장식

미술박람회이다. 그러다가 스위스 화훼생산업자들이 중심이 되어 1948년 국제원예생산자협회(AIPH)가 결성되고 이후 이들이 정원박람회 승인제도를 도입하면서 정원박람회는 국제 박람회로서의 면모를 갖추게 되었다. 2011년에는 중국 시안에서, 2012년에는 네덜란드 벤노 시에서 열릴 예정이다.

순천시는 이 박람회를 위해 순수 박람회장 조성비 966억 원, 예상 관광객 500만 명 유치를 기대하고 있다. 이를 통해 1조 3,000억 원의 생산유발효과와 1만 1,000명의 일자리 창출까지 기대하고 있다.

● 경제적 측면의 자연습지 재발견

최근 연세대학교 강호정 교수팀은 환경부 산하 에코스타(EcoSTAR) 수생태복원사업단의 지원을 받아 이산화탄소를 붙잡고 바이오연료를 생산할 수 있는 습지 건설을 위한 연구에 박차를 가하고 있다. 이 연구진은 2014년까지 4대강 정비사업으로 건설될 인공습지에 이 그린테크를 적용한다.

이들 연구진은 울창한 숲보다 습지가 이산화탄소를 붙잡는 능력이 뛰어난 데 주목했다. 매년 식물이 광합성으로 붙잡는 이산화탄소 양을 따져 보았더니 온대의 울창한 숲은 1년에 $1m^2$당 약 700g의 이산화탄소를 제거했다. 이에 비해 습지는 1,000g이 넘는 지역이 많았다. 특히 바닷가에 있는 습지 중에는 2,000g이 넘는 곳도 많았다. 미국 캘리포니아의 샌와킨(San Joaquin) 강 삼각주를 분석한 연구에 따르면 지난 5년간 연평균 3,000g의 이산화탄소가 제거되었다. 하지만 습지에서는 퇴적된 유기물이 썩으면서 이산화탄소보다 온난화 효과가 21배나 되는 메탄가스가 발생한다. 이산화탄소를 잡기 위해 만든 습지가 오히려 메탄의 발생을 증가시킬 수 있는 것이다.

메탄을 줄이기 위한 방법도 여러 가지 모색되고 있다. 먼저 습지에서 메탄을 생성하는 미생물을 다른 미생물로 억제하는 방법이다. 또 다른 방법은 시베리아 습지를 모방하는 일이다. 고위도 지방의 춥고 습한 지역에서 발견되는 이탄(泥炭)습지도 메탄 발생이 적다. 습지는 결국 친환경적인 바이오연료를 만들 수 있다. 연구진에 따르면 폐수를 먹고 자라난 개구리밥은 단위 면적당 전분(澱粉) 생산량이 옥수수의 6배나 된다. 전분은 바이오연료인 에탄을 만들 수 있다. 이렇듯 다양한 연구결과물이 완성되면 이게 바로 그린 코리아가 지향하는 그린테크이자 그린머니가 될 수 있다.

2. 나 여기 있소! 한국 천연가스 외침

● 현황 1

SK건설이 사우디아라비아에서 19억 달러 규모의 '와싯 가스플랜트 신설 프로젝트'를 수주했다. 사우디 국영 회사인 아람코가 발주한 이번 프로젝트에서 SK건설은 이중 가스처리시설 공사를 비롯하여 황회수 및 유틸리티 시설공사와 액화천연가스 분류시설 공사 등 3개 패키지를 각각 단독으로 수주에 성공했다.

● 현황 2

미국 에너지 업체 노블에너지는 이스라엘 연안의 '리바이언 광구'에서 4,531억m³ 천연가스 매장량 확인사실을 발표했고 이를 월스트리트저널이 '천연가스 노다지에 앉은 이스라엘'이라는 헤드라인으로 자세하게 보도했다. 발표대로라면 이스라엘이 향후 100년간 쓸 수 있는 분량으로 지난 10년간 세계 심해에서 확인된 천연가스 매장량 중 최대이다.

- 현황 3

북극권의 석유 매장량이 지금까지 알려진 양의 2배에 이를 수 있다는 연구결과가 발표되었다. 세계적 권위의 지질학자 도널드 고테에가 이끌고 있는 미국지질조사국(USGS) 연구팀은 북극권에 매장된 석유량은 1,600억 배럴이고 천연가스는 44조m³에 달한다고 밝혔다.

이상 세 가지 현황은 최근에 발표된 천연가스에 관한 자료이다. 마지막 USGS 발표는 앞에서 인용한 바 있다.

이렇게 글로벌 그린마켓의 현황을 자세하게 옮기고 있는 일은 그린 코리아가 해외로 뻗어나가는 길목에서 한국 천연가스(정확하게 표현하자면 공기업을 통한 글로벌 지향의 한국 천연가스 해외플랜트 수출)에 대한 수출 드라이브 정책을 제안하기 위해서다. 우선 천연가스야말로 지구환경을 보존하기 위해서는 화석연료 가운데 이산화탄소를 최소한도로 배출하는 에너지에 속한다.

과거를 돌아보면 한국은 1984년 천연가스를 발전용과 가정용으로 사용하기 시작했다. 올해로 꼭 27년 전이다. 그것도 원자력발전처럼 무사고로 말이다. 1984년 프랑스 에너지 기업인 토탈에 의해 건설된 평택 LNG기지 인수 이후 코리아 그린테크는 인천LNG기지부터 독자적인 기술로 건설하기 시작했다. 지금은 한국가스공사에 주축이 되어 통영LNG기지를 완공하고 지금은 삼척LNG기지를 건설할 계획이다. 지난 27년간 천연가스 보급을 위한 네트워크 건설로 한국 전체 가정 가운데 70%가 천연가스 수혜자로 등록되었다.

천연가스 사용은 기후변화 대응이 요구하는 수준에 따라 대기의 질적 향상에 기여했다. 소비자 역시 상대적으로 저렴한 가격으로 천연가스를 공급받고 있다. 이처럼 한국 경제의 압축 성장과 함께 천연가스산업은 관련 기술적 비축에다 소비시장까지 창출한 기록을 가지게 되었다.

● 이제는 글로벌 경쟁력으로 해외플랜트 시장 공략

문제는 바로 지금이다. 로컬마켓은 이미 포화상태에 진입했고 천연가스 생산량까지 정점이 다가오고 있다. 일반 가정용 소비시장을 비롯하여 발전용으로 소요되는 필수적인 연료로서 천연가스는 안정적인 수입과 적정 가격을 확보할 수 있는 방안에 대해 진지하게 고민할 필요가 있는 것이다. 그 방안 가운데 하나가 글로벌 그린마켓으로 진출하는 것이다. 27년간 닦고 길들인 천연가스 설비 기술력과 시공 능력을 등에 업고서……. 예를 들면 한국가스공사가 축적하고 있는 LNG 터미널 건설과 운영에 관한 노하우는 글로벌 그린마켓에서 이미 검증을 받아서 정상급에 링크되었다. 다만 공기업이라는 선입견에 의해 그린마켓에서는 글로벌 메이저와 비교하면 뒤진 점도 사실이다. 동시에 글로벌 그린마켓의 시장진입 장벽이 매우 높다는 의미일 수 있다.

이에 따라 에너지자원을 확보하고 적정 규모의 시장도 보유한 개발도상국에서 선진 글로벌 기업과 컨소시엄을 구성하여 동반수출에 나서는 일을 이제부터 적극 추진하고 고민해야 한다. 갈수록 높아가는 가스시장 진입장벽을 극복할 미션을 풀어야 하기 때문이다.

● 글로벌 그린마켓의 진입 사례와 방안

현재 한국가스공사는 멕시코 만사니요에서 추진하고 있는 LNG 터미널 건설과 운영사업에 올인하고 있다. 이를 기반으로 앞에서 열거한 세 가지 그린마켓 현황을 염두에 두고 정책적 방안으로 흡수하면서 이에 대한 준비에 핵심역량을 극대화해야 한다.

우연의 일치인지 모르지만 나는 지금의 한국가스공사가 분당시대로 이어가기 전인 발족 당시 여의도 전경련회관 입주시절부터 마케팅 관련 업무로 수년간 출입하면서 평택LNG기지 방문과 프랑스가 낳은 세계적인 에너지 기업 토탈과 미국 백텔 관계자와의 인연도 없지 않다. 실제로 글로벌 그린마켓의 진입방안에 대해서는 비전문가인 나보다는 전문가의 의견과 제안을 여기에 옮겨서 이해를 구하는 일이 순서일 것 같다.

다만 글로벌 그린마켓의 승자(또는 토탈과 같은 글로벌 에너지기업과의 대등한 그린테크를 구축해서 승자)가 되기 위해서는 이론보다는 실천력과 함께 천연가스 보고인 북극해에 진출할 웅비(雄飛)와 저력(底力)에 기대를 걸고 싶다.

> "한국가스공사의 건설·운영기술과 일본 미쓰이(三井)의 자금동원 능력, 선진적 경영기법, 글로벌 시장 내 인지도, 그리고 삼성물산의 글로벌 사업 노하우 등이 결합하여 진입장벽을 극복한 것이다. 이는 한국과 일본 기업이 글로벌 에너지 시장에서 상호보완적 역할 분담을 통하여 윈-윈 모델을 창출할 수 있는 계기가 된다(2011년 2월 11일자 매일경제 '천연가스 기업 글로벌 경쟁력 키워야' 참조)."

3. 되돌아보는 파리 그린의 악몽

녹색성장을 상징하는 그린(green)은 자연과의 조화, 소통에 의한 평화로 대변되고 있다. 색채심리학자에 따르면 그린이 감정을 다스리고 각종 스트레스도 감소시키는 것으로 이해하고 있다. 이슬람세계에서 그린은 무슬림이 믿고 의지하는 알라와 자연을 상징하는 신성한 색으로 통하고 있다. 아랍에미리트연합과 사우디아라비아 국기를 보면 그린이 빠지지 않고 그려져 있다. 리비아 국기는 아예 그린뿐이다.

하지만 알라와 자연을 상징하는 그린이 한때 '죽음의 색'으로 불린 적도 있다. 1814년 독일 슈바인푸르트의 한 염료공정에서 구리를 비소에 용해시켜 선명한 녹색을 합성하는 데 성공했다. 자연의 색감을 살린 이 인공 녹색은 '슈바인푸르트 그린' 또는 '에메랄드그린'으로 불리며 불꽃놀이의 재료나 옷감 벽지 그림의 안료로 쓰이기 시작했다.

1810년대 인류 선배들이 만들어낸 이 색에는 치명적인 독성이 숨어 있었다. 아름다운 색에 눈이 멀어 무엇보다 먼저 챙겨야 할 사람을 고려하지 못한 결과는 치명적이었다. 독약인 비소가 습기에 노출되면서 대기로 흘러나왔고 사람들은 원인도 모르는 채 쓰러져 갔다. '녹색 옷을 입으면 단명한다'는 괴담까지 돌았다. 실제 19세기 인상파 화가인 세잔은 만성 비소중독 증상인 당뇨병을 앓았다. 이 합성물질의 독성이 얼마나 강했는지 프랑스 정부는 파리의 지저분한 하수구에서 기식하는 쥐를 잡는 데 이를 이용하기도 했다. 이 실험적 정책은 '파리 그린(Paris Green)'이라는 오명까지 얻게 되었다. 결국 파리 그린의 사용은 금지되었다.

다시 역사는 흘러 21세기에 그린은 다시 전성기를 맞고 있다. 그린은 지구촌 소비자의 미래와 로망을 상징하는 색으로 변신하고 있다. 글로벌 그린마켓에서 그린은 이제 보증수표이고 비즈니스 결정체로 발전했다. 같은 껌 하나라도 '그린 껌'이면 판매의 날개를 단다. 바로 이 대목에서 되돌아보는 그린의 악몽을 기억할 필요가 있다. 글로벌 그린마켓에서 그린테크로 그린머니를 흡수하는 과정과 길목에서 여러 가지 시행착오와 안티를 되돌아보는 일이 필요하기 때문이다.

● 시행착오와 안티의 연속

이명박 정부가 '저탄소 녹색성장'을 국가적 어젠다로 제시한 이래 올해로 3년째를 맞고 있다. '그린 코리아'는 총론과 이론에서 이미 홍수처럼 지천에 깔려 있다. 그러나 안타깝게도 그린 히트 테크라든가 그린 히트 상품이 없다는 점은 옥의 티로 남고 있다. 왜 이런 일이 있을까? 왜 이런 일이 가능할까? 왜 이런 일이 벌어지게 되었을까? '왜'의 시리즈는 여기에서 끝이 아니다. 계속 양산이 가시화되고 있다.

결론부터 이야기하자면 '파리 그린'에서 그 해법과 그 극복의 방향타를 찾을 수 있다. 우선 좋은 약은 쓰다. 그러나 효능은 높다. 이 세상에는 마시기 쉽고 먹기 좋은 약은 없다. 독성이 가미된 파리 그린이 파리 시내 쥐들을 잡았듯이 비록 독소라 해도 글로벌 그린마켓에서 그린 코리아의 기치를 내걸 정도의 그린테크를 개발해 녹색성장산업의 판을 더 키워야 한다.

글로벌 경제위기 이후 인도네시아와 태국 등 신흥국가들에 인프라 수요가 폭발하고 있다. 도로, 철도, 전력, 에너지시설 등 기본적인 인프라가 턱없이 부족한 상황에서 '삶의 질'에 대한 욕구가 높아지고 있기 때문이다. 몸(경제)이 훌쩍 커버려 옷(인프라)이 터질 지경이 되었다. 앤서니 주드(Jude) 아시아개발은행(ADB) 개발국장은 "누구나 에어컨과 최신 전자제품을 원한다. 그러기 위해서는 전기가 우선적으로 필요하다"라고 밝혔다. 이들의 경기부양책도 인프라 건설에 초점이 맞추어져 있다. 태국 정부는 총 467억 달러의 경기부양 예산 가운데 66%(306억 달러)를 지방도로 건설과 수자원 개발 등 인프라 건설에 할애했다. 베트남 역시 80억 달러 가운데 48억 달러(60%)를 인프라에 투자할 것을 천명해 두고 있다.

한때 대우그룹의 신화를 썼던 김우중 회장의 '세상은 넓고 할 일은 많다'를 되돌아보는 지혜와 혜안을 곱씹어 보아야 한다. 그래야만 글로벌 그린마켓에서 그린 코리아의 안티가 수그러지게 된다. '안티 코리아'의 역풍은 이미 불고 있다.

세계 최고의 기술력과 운영 능력을 갖춘 원자력발전이 글로벌 그린마켓을 좌우할 메이저급 파이낸스 파워가 하나도 없다는 점은 무엇을 의미하는가? 유감스럽게도 수출로 먹고살아야 하는 그린 코리아는 원자력발전과 해수 담수화 해외플랜트, 도시형 자기부상열차와 천연가스 LNG기지 구축과 운영 등 그린 아이템 수출에서 우위전략을 달성해야 하는데 경쟁국들에 발목이 잡히고 있다.

그 사례를 하나만 제시해 보자. 전 세계가 주목했던 제주 스마트그리드 실증단지에 투자한 그린 기업들이 완성도 이루지 못한 채 '밑 빠진 독'으로 인식해 철수까지 검토하고 있다는 소식은 동남아 신흥시장과 중동지역 시장에서 이미 '디저트감'이 되고 있다. 이게 진실게임의 현주소이기 때문에, 안티를 위한 안티가 되지 않기 위해, 기대 반과 노파심 반으로 주시하고 있다. 예컨대 '당신의 이름은 그린 코리아입니다'를 당당하게 외치고 자랑하는 그날을 기대하고 싶어서다.

4. Stairway to Green Korea

그린 코리아의 계단은 이미 열려 있다. 이 계단을 통한 성적표 얻기는 이제부터 시작이다. 세계경제의 흐름에 따라 제5의 물결인 녹색혁명은 이제 대세이자 지구촌 소비자의 로망이기 때문이다. 이를 외면하거나 도외시할 수 없는 시대적 상황에 대한 설득력을 겸한 장소를 최근 다녀왔다.

올해 연초 동남권 개발의 상징인 가거대교 개통에 의해 많은 관광객이 거제도를 손쉽게 방문할 수 있다는 제안에 따라 부산과 거제도를 다녀왔다. 특히 천국의 계단이 있는 거제도 외항의 외도(外島)는 추운 늦겨울 날씨에도 아랑곳없이 대만원이었다. 외도를 찾는 중국과 일본의 관광객들도 보였다. 그들이 들고 있는 안내 팸플릿을 보면서 준비 없이 외도를 찾는 내가 머쓱했다.

● 35년의 그린 사랑

외도는 지난 1976년 12월부터 올해로 35년째 설립자 이창호 회장과 부인 최호순 여사의 그린 사랑이 진하게 묻어 있다.

이 회장은 이미 고인이 되었지만 최 여사는 지금도 외도 꾸미기에 여념이 없었다. 외도 보타니아(Oedo Botaina)에는 늘 푸른 840여 종의 아열대식물과 조각공원이 함께 어우러져 환상의 섬으로 거듭나고 있다. 마치 섬 전체를 미술품으로 장식시킨 일본 나오시마의 '나오시마 프로젝트'를 답사하는 착각마저 들었다. 베네세 그룹의 후쿠다케 소이치로 회장이 세운 나오시마 미술관을 '현대미술의 신전(神殿)'으로 대접한 이유가 외도에서 확인되었다. 섬을 가득 메운 꽃향기에 취해 내려다본 해금강의 절경은 한려수도의 매혹적인 겨울바다와 함께 진한 그린 코리아의 미래를 접하게 했다. 오늘의 외도 보타니아가 있기까지 설립자는 모든 식물을 한 계단 한 계단 우선순위를 두고 우위전략을 가미시킨 저력을 드러내고 있었기 때문이다.

이를 패러디해 보면 다음과 같은 결론의 성립이 가능할 수 있다. 그린 사랑을 독점하는 것이 아니라 공개하여 외도를 찾는 관광객과 함께 나누면서 수입이라는 그린 비즈니스 모델을 훌륭하게 제시한 바로 그런 섬이라는 것이다. 더 깊게는 자기만의 땅에서 자기만의 섬에서 자기만의 성취욕에 의해 철저하게 레이아웃된 섬을 통해 자신의 기업적 철학을 드러내는 데 한 치의 소홀함이 없었다고도 할 수 있다. 이게 급조되거나 시류에 의한 변형의 그린 사랑이 아니라 35년 전부터 외도를 가꾸고 외도를 사랑한 근본을 읽을 수 있다.

● Stairway to Haven

외도의 관광안내도에는 모두 열여섯 가지 작품(또는 그린 아이템)을 소개하고 있다. 우선 내게 외도를 상징시켜준 아이템은 관리사무실을 끼고 오르는 천국의 계단(Stairway to Haven)이었다. 소비자 꼬이기에 이력이 붙은 마케터인 나로서는 천국의 계단에 오르기는 애당초부터 희망사항으로 치부하고 살았기 때문에 외도에서 그냥 오를 수 있는 천국의 계단이 정다웠다. 그렇게 외도 보타니아는 아량과 그린 사랑을 겸해 나를 반겨주고 있었다. 천국의 계단을 올라가 명상의 언덕에 세워진 교회는 속죄의 의미처럼 느껴졌다. 혹시나 했지만 역시 명상의 언덕 교회의 출입문은 잠겨 있지 않고 설립자의 신앙심에 따라 그대로 자연스럽게 열렸다. 비록 쉽게 열린 문이지만 그린 코리아의 문도 이렇게 쉽고 가치 있게 열리기를 기도하는 마음이 간절했다.

나가는 글

　글로벌 그린마켓을 제대로 알기 위해서는 여러 가지 방법이 있다. 언론매체에 기사화된 내용을 비롯하여 전문잡지와 녹색성장 관련 단행본, 그리고 관련 단체와 협회에서 보내온 각종 통계자료 등이 유용하게 쓰인다. 더 욕심을 내자면 에너지기업이 제공하는 기술적 안내와 시장 트렌드를 소개한 웹사이트는 그 가치를 증대시킨다. 같은 이치로 글로벌 그린마켓을 제대로 이해하고 파악하는 데는 관련 전시장 참석도 도움이 된다.

　최근 중동지역 도시국가 아부다비에서 개최된 'World Future Energy Summit 2011'은 매우 중요한 전시회로 등극되고 있다. 예를 들면 세계적인 그린 메이커들이 대거 참여하고 있고 이를 통해 1년 기업 농사를 짓고 있는 모습이야말로 극에 달한 경쟁사회를 재연시키고 있다. 2011년 1월에 개최된 이 전시회는 국제재생에너지기구(IRENA)와 탄소제로도시 마스다르가 함께 개최한 전시회답게 문전성시였다. 특히 반기문 유엔사무총장이 참석하여 녹색성장산업의 미래를 향한 글로벌 비전을 제시해 뜨거운 박수를 받아냈다. 감사하게도 올해부터 전시회 주최 측은 'Daily News'를 4회나 발행하여 그린마켓과 그린머니의 행복한 결혼을 제시한 특집호까지 꾸몄다.

이를 목격한 나는 2호와 4호를 기반으로 중복 부분만 제외하고 이 책의 부록으로 꾸미는 데 출판사와 합의했다. 희망의 2011년을 맞으면서부터 주최 측은 글로벌 그린 비즈니스 트렌드를 고스란히 녹여 놓고 있었기 때문에 유용의 경지를 넘어 그린머니가 되게끔 그린 비즈니스 기회까지 제공하고 있다.

글로벌 그린 월드는 이렇게 변화하고 있고 또 발전하고 있다. 중동 산유국으로서 석유와는 아무런 걱정이 없을 법한 도시국가 아부다비가 전 세계를 향해 그린 메이커를 불러 모으고 이를 통해 도시의 이미지와 도시의 로망을 창조하는 모습은 욕심이 많은 나의 등을 치기에 하등 부족함이 없다.

이명박 정부가 '저탄소 녹색성장'을 어젠다로 삼아 앞에서 이를 이끌고 있다면 아부다비는 저 멀리 달아나 뛰어가고 있다. 마치 토끼와 거북이의 경주를 보는 착각이 든다면 표현이 과장되고 있다고 평가할까? 표현이 부적절하다고 꾸지람을 내릴까? 아마도 과장과 부적절로는 부족하고 이를 직시(直視)한 내 판단에 동의를 안겨줄 수 있을 터다.

|참|고|문|헌|

* 고미석(2009), '섬 전체가 미술품', 동아일보, 12. 22.
* 김경렬(2011), 「오존구멍의 비밀」, 『과학과 기술』, 2월호.
* 김태형(2010), 「원자력발전소 무선통신기술 적용 고찰」, 『전력기술』, 통권 57호.
* 나성엽(2010), '시화호조력발전소 위용 드러내', 동아일보, 7. 26.
* 박상철(2011), '천연가스 기업, 글로벌경쟁력 키워야', 매일경제, 2. 11.
* 손택균(2009), '그리니치 밀레니엄 빌리지', 동아일보, 2. 11.
* 심시보(2010), '생물처럼 숨 쉬는 건물 만든다', 매일경제, 10. 12.
* 윤원섭(2010), '이스라엘 그린테크 혁신', 매일경제, 6. 7.
* 윤창희(2010), '삼성물산, 종합상사 새 모델 개척', 중앙일보, 12. 29.
* 이상훈(2010), '폐지수집상서 중국 최고 여성갑부', 매일경제, 7. 9.
* 이에스더(2010), '빌딩농장, 국내에도 뿌리내린다', 중앙일보, 10. 25.
* 이영완(2009), '이산화탄소 잡고', 조선일보, 5. 7.
* 이이다 데스나리(2010), 『자연에너지 시장』, 푸른아시아 역, 이후.
* 이재원(2011), '온난화 주범 CO_2서 청정연료 메탄올 뽑아낸다', 조선일보. 1. 13.
* 이준호(2010), 「APR1400 고압터빈 증기공급배관」, 『전력기술』, 통권 57호.
* 이충형(2009), '이스라엘, 바닷물 걸러 물 소비량 25% 충당', 중앙일보, 7. 10.
* 이현경(2010), '탐욕의 기름땅', 동아일보, 8. 27.
* 임은모(2010), 「부국으로 성장하는 한국 원자력」, 『원자력 문화』, 7·8월호.
* 임은모(2011). 『아부다비투자청 대해부』, 한국학술정보.
* 임은모(2011). 『GGGR』, 한국학술정보.
* 최준식(2008), '이스라엘 전기차 사나이', 조선일보, 7. 26.
* 하랄트 벨처(2010), 『기후전쟁』, 윤종석 역, 영림카디널.
* 황지호(2011), 「지능형 전력망 구축한다」, 『과학과 기술』, 2월호.

임은모 ——————————————————————————————

광고평론가
한국문화콘텐츠학회 부회장
Al Ahmed Green Forum 공동대표
한일마케팅포럼 기획위원
한세대학교 광고홍보과 겸임교수 역임

저서
『Global Green Growth Report』(2011)
『아부다비 투자청 대해부』(2011)
『스위트 그린머니』(2010)
『그린에너지 원자력』(2010)
『탄소제로도시 마스다르의 도전』(2009)
『아부다비의 힘』(2009)
『글로벌 그린마켓 승자의 길』(2009)
『글로벌 브랜드 두바이』(2007)
『문화 콘텐츠 비즈니스론』(2003)
『디지털 콘텐츠 입문론』(2002)
『모바일 콘텐츠 게임 개발론』(2002)
『짐 클라크의 수익모델 엿보기』(2001)
『취해도 광고는 바로간다』(1995)
『성공기업 광고전략』(1992)

연재
월간 〈팝사인〉 광고칼럼 연재
월간 〈디지털콘텐츠〉 콘텐츠개론 연재
브레이크 뉴스(www.breaknews.com) 〈아부다비 通信〉

강연
'탄소제로도시 마스다르의 도전'
'글로벌 마케팅과 MENA 시장 접근전략'

논문
「광고전략에서 케이스스터디 영역과 역할에 관한 연구」(1997)
「모바일콘텐츠에서 기술적 특성과 게임프로듀싱에 관한 연구」(2000)

Global Green

그린머니의 중요성과 그린테크와의 결혼

Growth Money

초 판 인 쇄 | 2011년 5월 30일
초 판 발 행 | 2011년 5월 30일

지 은 이 | 임은모
펴 낸 이 | 채종준
펴 낸 곳 | 한국학술정보㈜
주　　소 | 경기도 파주시 교하읍 문발리 파주출판문화정보산업단지 513-5
전　　화 | 031) 908-3181(대표)
팩　　스 | 031) 908-3189
홈 페 이 지 | http://ebook.kstudy.com
E-mail | 출판사업부　publish@kstudy.com
등　　록 | 제일산-115호(2000. 6. 19)

ISBN　　978-89-268-2242-5 03320 (Paper Book)
　　　　978-89-268-2243-2 08320 (e-Book)

GREEN 는 새롭게 녹색의 씨앗을 심어 자연과 공존하는
S E E D 녹색성장 시대를 이루기 위한 의지를 담고 있습니다.